苏·区·振·兴·八·周·年

U0516177

抚州苏区推动
中小企业发展经验研究

Research on the Experience of Promoting the Development of Small and
Medium-sized Enterprises in Fuzhou of Jiangxi

刘善庆◎主编　黄仕佼　杨　鑫◎著

经济管理出版社
ECONOMY & MANAGEMENT PUBLISHING HOUSE

图书在版编目（CIP）数据

抚州苏区推动中小企业发展经验研究 / 刘善庆主编；黄仕佼，杨鑫著 . — 北京：经济管理
出版社，2020.10

ISBN 978-7-5096-7648-6

Ⅰ . ①抚⋯　Ⅱ . ①刘⋯　②黄⋯　②杨⋯　Ⅲ . ①中小企业—企业发展—研究—抚州
Ⅳ . ① F279.563

中国版本图书馆 CIP 数据核字（2020）第 236956 号

组稿编辑：丁慧敏
责任编辑：丁慧敏　张广花　姜玉满
责任印制：黄章平
责任校对：王淑卿

出版发行：经济管理出版社
　　　　　（北京市海淀区北蜂窝 8 号中雅大厦 A 座 11 层　　100038）
网　　址：www.E-mp.com.cn
电　　话：（010）51915602
印　　刷：北京虎彩文化传播有限公司
经　　销：新华书店
开　　本：710mm×1000mm/16
印　　张：11.5
字　　数：201 千字
版　　次：2020 年 12 月第 1 版　2020 年 12 月第 1 次印刷
书　　号：ISBN 978-7-5096-7648-6
定　　价：68.00 元

前 言·PREFACE

2019 年 12 月，党中央国务院促进中小企业发展领导工作小组召开了第四次会议。在此次会议上，党中央国务院提出了"为企业家营造大胆创业、安心发展的市场化法制化营商环境""切实解决中小企业在发展过程中遇到的融资难融资贵问题"及"支持中小企业发展的事能办尽快办"等一系列涉及中小企业发展的具体问题。此次会议既体现了中央经济工作会议的相关精神又体现了国务院常务会议关于支持中小企业发展的相关要求，充分展示了我国支持中小企业发展的决心。

按照我国相关部门的统计数据，我国中小企业实际占企业总数量的 90%以上，它们贡献了我国 50% 以上的税收、60% 以上的 GDP、70% 以上的技术创新，同时中小企业也解决了我国 80% 以上的人口就业问题。尤其是在我国高新技术制造业、战略性新兴产业和计算机通信设备制造业这些关系我国未来发展的关键技术领域，中小企业的占比已经达到 70% 以上。由此，不难看出，我国中小企业作为国民经济和社会发展的"生力军"，力量之大难以想象。从产业发展的广度来看，众所周知，我国工业门类齐全，而取得这一成绩的关键，就是靠无数中小企业填补了各工业门类的"空白"，各工业门类的发展又串联起几乎所有产业链条，带动了全产业门类的繁荣发展；从我国区域经济发展来说，有目共睹，凡是中小企业聚集、中小企业发展活跃的地方，区域经济发展势头就强劲，地方经济发展就尤其活跃，可以说中小企业发展是我国区域经济发展重要的动力引擎。当然，成绩的背后也应当看到问题，我国的中小企业虽然体量大、分量重，但其发展也伴随着困难与压力。现阶段，我国很多中小企业由于其自身素质的原因，导致转型升级困难、产业结构调整难度大，已经逐渐背离了高技术、高质量、低碳环保的时代发展逻辑，不少中小企业的发展遇到了"瓶颈"，有的甚至已经到了生死边缘。

为此，近年来从中央到地方政府都一直在为如何促进中小企业的发展狠下功夫，努力营造更加适合中小企业发展的营商环境，始终坚持"两个毫不动摇"的底线原则，不论是国有企业还是民营企业始终采取一视同仁、等同对待的原则，尤其是提出"对支持中小企业发展的事情，坚持能办的尽快办，共同努力，真抓实干，把中小企业的事办好"的基本原则，加大力度扶持中小企业的发展。因此，本书以抚州苏区为研究对象，深入研究、探讨抚州苏区在推动、促进中小企业发展过程中的典型经验，探寻抚州苏区中小企业发展繁荣背后的根本原因。

2012年，中央颁布了《国务院关于支持赣南等原中央苏区振兴发展的若干意见》（以下简称《若干意见》）。此后，2013年，中央政府再次决定由国家发展和改革委员会、中央组织部牵头组织中央国家机关和有关单位支持赣南等原中央苏区各县。自此，抚州苏区在党中央和国务院的有力决策、领导和指挥下，掀起了一场声势浩大，至今已经八个年头的发展运动。这八年来，抚州苏区进入了高速发展的快车道，地方经济发展也取得了显著的成效，各县政府在中央各对口支援单位的引领下根据自身的县域特点及产业发展特色，先后探索出了诸多的特色产业发展模式，吸引大量的中小企业聚集，形成了初具规模的特色产业发展集群（如新能源材料、新一代信息技术、生物医药、汽车及零配件、数字经济产业、现代农业、金溪香精香料产业、旅游及康养产业、崇仁变电设备、黎川日用耐热陶瓷等），积累了相当多的促进中小企业发展的经验。同时，抚州市也始终把发展民营经济作为深化改革开放的重要举措和振兴苏区发展的有力支撑来抓。抚州苏区的中小民营经济已经呈现出了持续、快速、健康发展的特点，并形成了良好的循环发展态势。

目前，抚州市拥有包括新一代信息技术产业、汽车及零部件产业、生物医药产业、新能源新材料产业四大支柱产业。其中新一代信息技术产业拥有企业29家，产业集群效应凸显。汽车及零部件产业是江西省省级产业基地，拥有企业总数40家，生物医药产业拥有企业24家，新能源新材料产业拥有企业8家，发展势头强劲。

同时，抚州市还拥有香精香料、黎川陶瓷、崇仁变电设备、现代农业、数字经济、旅游等一批特色产业集群。其中，金溪的香精香料产业是抚州特色产业之一。目前产品已经远销欧洲、美国、日本等发达国家和地区，拥有完整的产业链，是集香料种植以及香精研发、生产、加工、贸易于一体的成熟产业。2019年，金溪中小香料企业发展信心得到了提振，进入新的发展时期。香料产业集群实现主营业务收入54.5亿元，同比增长10.1%，工业增加值9.8亿元，同比增长8.05%，利润2.15亿元，同比增长10.26%，税金1.45亿元，同比增长 6.62%，从业人员 4030 人，同比增长 1.26%。黎川陶瓷产业也是抚州的特色产业之一，2019 年主营业务收入共计 18.4 亿元，占园区主营业务收入总额的 80%，缴纳税金 0.82 亿元，占园区税金总额的 35%。用气量 1391 万立方米，同比增长 11.61%。崇仁县精心培育的变电设备产业，已经成为国家新型工业化产业示范基地。2019 年，变电设备产业累计完成工业总产值 63 亿元，同比增长 8.2%，主营业务收入 62 亿元，同比增长 6.5%，利润达 3 亿元，同比增长 28%。

因此，本书通过详尽的实地调研及访谈，总结 2012 年《若干意见》之后，抚州苏区在推动中小企业发展过程中所做出的努力及取得的经验，详细解剖各个产业集群发展过程中的每一个细节，通过案例的形式深入挖掘各地县域政府在推动中小企业发展过程中所做的努力，把所有这些发展成功的经验进行总结归纳，为今后更好地推动中小企业的发展提供借鉴。本书的具体章节安排如下：第一章为引言，详细介绍了本书的研究背景、研究内容，重点说明了本书所采用的研究方法。第二章为抚州苏区现状概述，主要介绍了抚州苏区的概况及各县的基本情况。第三章为国家支持中小企业发展的相关措施，梳理了国家近年对于中小企业发展的主要支持政策及支持方向。第四章为抚州苏区促进中小企业发展措施，介绍了抚州市政府从营商环境、税收、金融、人才、产业引导、知识产权保护等方面为促进中小企业发展所推出的一系列优惠措施。第五章为抚州苏区产业布局与发展情况分析，介绍抚州主导产业、特色产业发展、高新技术产业园区及重点企业发展现状。第六章为抚州苏区促进中小企业发展的思路剖析，介绍了抚州苏区促进中小企业发展的主要思路，包括人才、生态环境保护、营商环境建设、中高端产业发展定位等方面。第七章为《国务院关于支持赣南等原中央苏区振兴发展的若干意见》加速推动抚州苏区中小企业发展，重点介绍了该意见对抚州苏区中小企业发展的影响，包括对口支援政策给抚州苏区带来的巨大实惠。第八章为抚州苏区推动中小企业发展的经验探索，介绍抚州在推动中小企业发展过程中的经验。第九章为抚州苏区未来发展的方向及对策。以上九个章节中，黄仕佼博士收集并撰写了第一章至第四章的主要内容，杨鑫博士撰写了第五章至第九章的主要内容。

总体来说，本书在梳理中央、抚州市政府出台的支持中小企业发展的政策、国家各部委对口支援赣南苏区各县项目的同时，重点介绍了抚州苏区如何围绕《若干意见》及对口支援政策大力推动中小企业的发展，介绍了抚州苏区的具体发展思路与相关经验。抚州市政府为了支持中小企业的发展所采取的各项政策、措施、规划、布局等系统而全面。本书在最后从抚州苏区中小企业及产业发展的角度提出了可持续发展的四点建议：一是把数字经济产业作为未来首要战略新兴产业来抓，在现有数字平台基础上带动一批中小型数字企业快速发展，形成规模聚集效应。二是关注区块链技术在政府数据治理中的作用，驱动数字经济快速发展，打造智慧型城市，创造更加宜居宜商的发展环境。三是加快工业互联网建设，让制造业拥抱智能互联网时代，带动制造业尤其是中小制造型企业的转型升级。四是加大力度持续推动一二三产业的融合发展，通过数字产业的助力，完成抚州苏区一二三产业发展的高效智能化融合。最后，祝抚州苏区中小企业的明天更美好！

目　录·CONTENTS

第一章　引言 —— 001

　　第一节　研究背景 / 001

　　第二节　研究内容 / 002

　　第三节　主要研究方法 / 004

第二章　抚州苏区现状概述 —— 006

　　第一节　抚州苏区概况 / 006

　　第二节　抚州苏区的经济发展概况 / 008

　　第三节　抚州苏区各县区概况 / 012

第三章　国家支持中小企业发展的相关措施 —— 023

　　第一节　创优质营商环境强根基 / 023

　　第二节　降税减负抓根本 / 029

　　第三节　促国际化发展壮体魄 / 034

　　第四节　知识产权战略增活力 / 036

　　第五节　打造中小企业特色载体促升级 / 040

第四章　抚州苏区促进中小企业发展措施 —— 043

　　第一节　持续优化本地营商环境 / 043

　　第二节　大力推进"大众创业、万众创新"战略 / 047

　　第三节　创新服务构建绿色金融体系促发展 / 052

　　第四节　特色型知识产权措施强市壮企铸繁荣 / 057

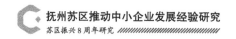
第五章　抚州苏区产业布局与发展情况分析 —— 063

　　第一节　抚州苏区主导产业发展情况 / 065

　　第二节　抚州苏区特色产业发展情况 / 068

　　第三节　抚州高新技术产业园介绍 / 083

　　第四节　抚州苏区重点企业发展概况 / 086

第六章　抚州苏区促进中小企业发展的思路剖析 —— 090

　　第一节　人才仍是一切发展的关键 / 091

　　第二节　生态环境是吸引中小企业聚集的前提 / 094

　　第三节　营商环境是促使中小企业兴旺的基础 / 097

　　第四节　突出中高端产业，壮实体经济发展 / 100

　　第五节　强调特色产业，带动中小企业全面繁荣 / 103

**第七章　《国务院关于支持赣南等原中央苏区振兴发展的若干意见》
　　　　　加速推动抚州苏区中小企业发展 —— 107**

　　第一节　《国务院关于支持赣南等原中央苏区振兴发展的若干意见》为苏
　　　　　　区中小企业发展指明方向 / 107

　　第二节　对口支援强化中小企业发展原动力 / 111

　　第三节　中国农业发展银行对口支援南丰县 / 113

　　第四节　原国家文化部对口支援黎川县 / 118

　　第五节　中共中央统一战线工作部对口支援广昌县 / 121

第八章　抚州苏区推动中小企业发展的经验探索 —— 124

　　第一节　重视创业孵化基地建设 / 126

　　第二节　重视人才的引进与培育 / 130

　　第三节　重视工业园区的升级与发展 / 136

　　第四节　重视促进特色产业的形成与发展 / 139

　　第五节　重视解决中小企业融资问题 / 141

　　第六节　重视营商环境的持续提升 / 144

第九章　抚州苏区未来发展的方向及对策 —— 149

第一节　把数字经济产业作为未来首要战略来抓 / 149

第二节　持续推动一二三产业的融合发展 / 155

第三节　推动工业互联网建设，让制造业拥抱"智能 +" / 160

第四节　关注区块链技术在政府数据治理中的作用 / 163

参考文献 —— 172

第一章

引言

第一节　研究背景

　　2012 年 6 月 28 日，党中央国务院颁布了《国务院关于支持赣南等原中央苏区振兴发展的若干意见》，（以下简称《若干意见》）。《若干意见》的出台，正式促进了赣南等原中央苏区地区的经济振兴，强调了苏区经济发展的重要性。此后，2014 年 3 月，为了更好地巩固《若干意见》的相关精神，落实相关扶持政策，赣、闽、粤三省又联合出台了《赣闽粤原中央苏区振兴发展规划》，对推动苏区实现跨越式发展、实现全面小康社会的奋斗目标具有切实的指导意义。

　　抚州是江西省地级市，是长江中游城市群的重要成员，位于江西省东部。行政区域北至南长约 222 千米，东至西宽约 169 千米。抚州市下辖 2 个区、9 个县，抚州目前有 9 个县属于原中央苏区范围，分别是南城、黎川、乐安、南丰、宜黄、崇仁、广昌、资溪、金溪 9 县，这 9 个县占据了抚州的绝大多数地界，可以说抚州全境几乎都是苏区县。

　　目前，抚州是国务院确定的 20 个海峡西岸经济区城市之一。这是被列入国家战略发展规划的江西鄱阳湖生态经济区，也是原中央苏区范围内最重要的战略性地域之一。自古以来，抚州就被誉为"襟领江湖，控带闽粤"。抚州是国家园林城市，其中资溪县森林覆盖率最高，被称为"纯天然大氧吧"，达到 85.9%。

　　截至 2019 年末抚州市统计局统计数据，抚州全市生产总值（GDP）1510.92 亿元，比 2018 年增长 7.9%。其中，第一产业增加值 215.20 亿元，增长 3.1%；第二产业增加值 573.88 亿元，增长 8.2%；第三产业增加值

721.85 亿元，增长 9.4%。三次产业比由 2018 年的 14.4：38.1：47.5 调整为
14.2：38.0：47.8。人均生产总值 37272 元，按年平均汇率计算，折合 5403 美
元，比 2018 年增长 7.5%。规模以上工业增加值增速连续 6 个季度位居江西省
第二，工业用电量增速连续 16 个月位居江西省第一，发展势头勇猛。其中，
博雅生物、金品通科、海利科技、自立环保等一批高新技术企业正朝着 100
亿元的目标奋勇前进。应用智能制造技术生产智能产品企业达 95 家，工业技
术改造投资增长 55.8%。经过 13 个月紧锣密鼓的建设，年产 20 万辆 SUV 商
用车和新能源车的大乘汽车工业园正式投入运营，创造了"抚州速度"，并将
抚州带入新兴工业时代。其中，南丰县还被评为全国一二三产业融合示范先
导县。

因此，本书主要以抚州苏区县为研究范围，分析当地特色资源与经济发展
之间的动态关系，探索抚州苏区在《若干意见》之后，当地政府如何运用政策
红利推动中小企业快速做大做强，形成产业群聚集的发展之路。

第二节　研究内容

2012 年，《若干意见》出台之后，在党中央和国务院的有力决策、正确领
导和统筹指挥下，赣南等中央苏区掀起了一场声势浩大的发展运动，至今已经
有八个年头。这八年来，抚州等原中央苏区进入了高速发展的快车道，经济发
展取得了显著成效，各地县域政府根据自身的区域特点和产业发展特色，先后
探索出诸多的特色产业发展模式，吸引了大量的中小企业聚集，形成了初具规
模的特色产业发展集群，积累了相当多的推动中小企业发展的经验。诸如抚州
苏区的支柱产业（新能源新材料产业、新一代信息技术产业、汽车及零配件产
业、生物医药产业），抚州的特色产业（数字经济产业、现代农业、金溪香精
香料产业、旅游及康养产业、崇仁变电设备产业、黎川日用耐热陶瓷产业）等
都迅猛发展，成绩有目共睹。

因此，本书通过详尽的实地调研及访谈，总结 2012 年的《若干意见》之
后，抚州苏区在推动中小企业发展过程中所做出的努力以及取得的经验，详细
解剖各个产业集群发展过程中的每一个细节，深入挖掘各地县域政府在推动中

小企业发展过程中所做的努力，把所有这些发展的成功经验进行总结归纳，为今后各地区更好地推动中小企业的发展提供借鉴。

本书的具体章节内容安排如下：

第一章为引言。本章将详细介绍本书的研究背景、研究内容，并重点说明了本书所采用的研究方法。

第二章为抚州苏区现状概述。本章主要介绍了抚州苏区的基本概况。在此基础上还详细介绍了目前抚州苏区经济发展的主要情况，包括抚州各个县市区发展的基本情况。

第三章为国家支持中小企业发展的相关措施。本章梳理了国家近些年对于中小企业发展的主要支持政策及方向。首先，在中小企业营商环境的治理方面，国家出台了《关于营造更好发展环境支持民营企业改革发展的意见》，从公平、平等、鼓励创新、政企关系等方面提出优化中小企业营商环境的相关措施。其次，利用降税减负等强势手段，主要包括降低企业税负、融资、人工、交易、用地用能、物流六大块成本，推进中小企业升级改造和高质量发展。再次，出台了"一带一路"促进中小企业国际化。颁布了《促进中小企业国际化的五年行动计划（2016—2020年）》，其目标是提高中小企业在技术、品牌、营销和服务方面的国际竞争力，促进并推动"一带一路"与供给侧结构性改革。最后，实施知识产权战略和创建特色载体等措施，将增强中小企业创造、使用、保护和管理知识产权的能力，促进中小企业转型升级，为我国跻身创新型国家行列提供有力支撑。

第四章为抚州苏区促进中小企业发展措施。自国家出台《若干意见》之后，江西省政府和抚州市政府迅速响应，从营商环境、税收、金融、人才、产业引导、知识产权保护等方面出台了一系列的政策文件，支持赣南等原中央苏区的发展，大力持续推动改善中小企业经营环境，助推中小企业发展快速成长。

第五章为抚州苏区产业布局与发展情况分析。《若干意见》出台后，抚州苏区迎来了飞速发展的黄金时期，中小企业经营环境持续改善。本章从抚州苏区的支柱产业发展状况、抚州特色产业发展现状、抚州市高新技术产业园区发展状况、抚州市相关重点企业发展现状等角度出发，全方位地介绍抚州苏区目前的整体产业布局状况与产业发展现状。

第六章为抚州苏区促进中小企业发展的思路剖析。本章介绍了抚州苏区促进中小企业发展的主要思路。在本书调研的过程中也能深刻地感受到抚州苏区自《若干意见》出台以后在推动中小企业发展的过程中着实积累了不少心得与思路，包括人才、生态环境保护、营商环境建设、中高端产业发展定位及产业带动下的中小企业发展等方面，本章将进行重点的介绍分析。

第七章为《国务院关于支持赣南等原中央苏区振兴发展的若干意见》加速推动抚州苏区中小企业发展。本章将重点介绍《若干意见》对抚州苏区中小企业发展的影响，包括对口支援政策给抚州苏区带来的巨大实惠。中央国家机关及有关单位对口支援赣南等原中央苏区实施方案，其中，原国家文化部支援黎川县、中国农业发展银行支援南丰县、国家民族事务委员会（以下简称"国家民委"）支援乐安县、国家文物局支援宜黄县、中共中央统一战线工作部（以下简称"中央统战部"）支援广昌县。上述国家机关及有关单位从政策、资金、人才等方面对抚州苏区进行了倾力支持，并举例进行了详细的解读。

第八章为抚州苏区推动中小企业发展的经验探索。本章将重点介绍抚州在推动中小企业发展过程中的主要经验，总结起来包括六个重视，即重视创业孵化基地建设、重视人才的引进与培育、重视工业园区的升级与发展、重视促进特色产业的形成与发展、重视解决中小企业融资问题、重视中小企业营商环境的持续提升。

第九章为抚州苏区未来发展的方向及对策。本章在以上研究分析的基础上提出抚州市政府未来发展的方向及对策。一是把数字经济产业作为未来首要战略新兴产业来抓，在现有基础上带动一批中小数字企业快速发展，形成规模聚集效应。二是关注区块链技术在政府数据治理中的作用，驱动数字经济快速发展，打造智慧型城市。三是加快工业互联网建设，让制造业拥抱智能互联网时代，带动制造业的转型升级。四是加大力度持续推动一二三产业的融合发展，通过数字产业的助力，完成抚州苏区一二三产业发展的高效智能化融合。

第三节　主要研究方法

本书主要采用了文献研究法、实地调研法、访谈、案例等研究方法对抚州苏区产业发展、中小企业发展状况进行系统性分析。

2012年以来，江西师范大学苏区振兴研究院的研究人员先后承担了一系列与苏区振兴发展相关的重大课题，为了提高课题研究质量，确保每个课题所提政策能够切实有效落到实处，课题组成员多次深入中央苏区开展了大范围的实地访谈、调研等活动，收集了大量的一手调研数据、访谈资料及图片。

本书主要的实地调研形式有：实地企业考察，政府相关部门座谈会，相关人员的问卷调查，相关部委挂职领导、企业家的单独访谈等。其中，相关政府部门的座谈会是课题组成员收集研究资料的一种重要方式。近几年来，江西师范大学苏区振兴研究院分别与江西省苏区振兴办，各市苏区振兴办及各县（市，区）苏区振兴办密切联系，开展了广泛的合作，为召集各市、各县相关部门召开座谈会，收集资料、和相关对口支援挂职干部进行访谈等都创造了良好的条件。因此，江西师范大学苏区振兴研究院的课题组成员的足迹几乎遍布江西省范围内的所有苏区地域，给课题研究带来了切实的一手素材。为了更好地收集资料，座谈会一般分层次召开，即省级层面、市级层面、县级层面。

2019年7月21~29日，由江西省苏区振兴办牵头又组织了一次大范围的针对抚州苏区全域的实地调研、座谈及访谈活动，江西师范大学苏区振兴研究院调研组一路先后调研了抚州市、抚州的南城县、黎川县、崇仁县、南丰县、乐安县、资溪县、金溪县、宜黄县、广昌县等。在调研考察过程中，各地县（市）委，县（市）政府都高度重视，积极配合组织召开座谈会，各县振兴办主任全程陪同实地考察，帮助协调各个部门收集数据，为课题调研提供了极大方便，收集了大量素材。此外，江西师范大学苏区振兴研究院调研组还对抚州苏区各县的国家机关单位挂职干部进行了专门的访谈。国家部委挂职干部对苏区的振兴发展起到了不可或缺的关键性作用，他们不仅为各县带来了崭新的发展理念，也带来了实实在在的具体支援政策和项目，更是承上启下联络的桥梁。可以说如果没有他们，苏区的振兴发展不会如此顺畅和高效。

第二章

抚州苏区现状概述

第一节　抚州苏区概况

抚州市位于江西省东部，北纬 26° 29'~28° 30' 和东经 115° 35'~117° 18'。抚州市东邻福建省邵武市、建宁县、泰宁县、光泽县，南边是江西省赣州市石城县和宁都县。西边紧靠宜春市的丰城市和吉安市的永丰县、新干县，北边靠经南昌的进贤县和鹰潭市的贵溪县、余干县。抚州地域范围南北长约 222 千米，东西长约 169 千米。

抚州位于江西省东部，辖临川、东乡 2 区，南城、南丰、崇仁、乐安、金溪、黎川、宜黄、资溪、广昌 9 县，以及抚州国家高新技术开发和东林新区两个重点开发区。抚州的基本情况可以概括为四句话：

一是才子之乡、文化之邦。抚州历史悠久。它有 1900 多年的历史。被誉为"人才之乡、文化之邦"。历史上曾培养过 7 位宰相、13 位副宰相和 3000 多名进士。北宋政治家、思想家、改革家、文学家王安石；散文家曾巩；词坛巨擘晏殊、晏几道；思想家陆九渊；明代戏剧家、思想家、文学家汤显祖等。以南城麻姑山为依托的麻姑文化、"临川四梦"为代表的戏曲文化、以曹山寺为平台的禅宗文化在国内外享有盛誉。2019 年，千金陂（第六批）成功列入世界灌溉工程遗产名录；南丰的跳傩、乐安的傩舞、临川的采茶戏、广昌的孟戏还有宜黄戏等都已经被列为国家级的非物质文化遗产；抚州的玉隆万寿宫、乐安的流坑古村、龙图学士和刺史传芳牌楼门、万年桥和聚星塔、驿前石屋里民宅、谭纶墓、明益藩王墓地、宝山金银矿冶遗址、白舍窑遗址九处历史文物被列为国家文物保护单位。此外，抚州的基础教育也远近闻名，已经连续十多年，抚州市的一本、二本高考的上线率均远远领先于江西省其他地方，每年被清华大学、北京大学两所知名高校录取的学生就占江西省 1/3 以上。

二是赣抚粮仓、"三宜"天堂。抚州是国家区域性商品粮基地，粮食年产量超过 25 亿千克，为其他地区输出粮食超过 10 亿千克。不仅如此，抚州还有许多特色农产业，如抚州的南丰县被称之为蜜橘之乡、广昌县被称为白莲故乡、崇仁县被誉为麻鸡故乡、资溪县称之为面包之乡等。抚州还是一个非常适合居住、商务和旅游的地方。抚州自然环境优美，红色、古色、绿色相间的旅游景点交相辉映，古村落、古建筑等历史文物保护完好。抚州目前拥有 7 个国家级和省级自然保护区，12 个国家级和省级森林公园，以及诸如大觉山、麻姑山和流坑古村等众多景点。抚州全境森林覆盖率达到 66.3%，集中式饮用水水源地的水质达标率为 100%，抚州市区的空气质量常年保持在 2 级以上。近年来，抚州还被评为"全国氧吧 50 强"城市，获得中国十大文化竞争力城市、国家园林城市和国家森林城市等国家级称号，获得江西省文明城市和省级卫生城市等省级称号。

三是海西近邻、红色苏区。抚州地理位置优越，素有"襟领江湖，控带闽粤"的美誉。抚州地区是珠三角、长三角和闽东南三角区交汇的核心腹地，离江西省的省会南昌位置最近。福银高速公路、济广高速公路、抚吉高速公路、资光高速公路、向蒲铁路、沪昆高速铁路穿境而过。同属鄱阳湖生态经济区、海西经济区、原中央苏区振兴发展战略区、长江中游城市群、江西生态文明试点示范区五大国家区域级发展平台和省政府支持抚州深化区域合作、加快发展战略平台。在江西省委确立的"一圈引领、两轴驱动、三区协同"的区域发展整体战略布局规划中，抚州是"大南昌都市圈"的两大支撑之一。抚州有着光荣的革命历史。毛泽东、周恩来、朱德、邓小平、陈毅等老一辈革命家多次领导和指挥抚州苏区的武装革命斗争，并在这里建立了苏维埃政权。

四是产业新城、戏曲之都。抚州市有抚州国家高新技术开发区、东临新区和 11 个工业园区，开发面积达 50 多平方千米。汽车和零部件、生物医药、新能源和新材料以及现代信息等主导产业，以及崇仁变电设备、金溪香料等 11 个省级产业集团都在稳步推进。文化旅游、中医药、数字经济和大健康康养等新兴产业和农产品深加工都在蓬勃发展。初步建成了广昌白莲、南丰橙、资溪白茶、宜黄水稻、崇仁麻鸡等 10 个农业产业集群。现代服务业发展势头强劲。全市拥有国家 AAAAA 级风景名胜区（资溪大觉山）1 处，国家 AAAA 级风景名胜区 17 处，资溪县被评为首批国家全域旅游示范区之一。抚州市以汤显祖为品牌，创办汤显祖戏剧节，《临川四梦》《牡丹亭》《汤显祖》《寻梦牡丹亭》等舞台剧的成功演出，再次展现出了抚州的历史文化特色底蕴。2019 年 4 月 26 日，中国文化符号第一个海外"牡丹亭"正式落户莎士比亚的故乡英国斯特拉福德区，在海外引起了巨大反响。随着对外文化交流的不断发展和对外讲好中国故事的不断深入，抚州市的文化事业发展正朝着打造写戏、看戏、学戏、演戏、评戏的中国戏曲之都的目标大步迈进。

第二节　抚州苏区的经济发展概况 [①]

　　截至 2019 年抚州市统计局统计的数据，抚州全市 2019 年地区生产总值（GDP）1510.92 亿元，比上年增长 7.9%。其中，第一产业增加值 215.20 亿元，增长 3.1%；第二产业增加值 573.88 亿元，增长 8.2%；第三产业增加值 721.85 亿元，增长 9.4%。三次产业比由上年的 14.4∶38.1∶47.5 调整为 14.2∶38.0∶47.8。人均生产总值 37272 元，按年平均汇率计算，折合 5403 美元，比上年增长 7.5%。2019 年，抚州市完成财政总收入 213.04 亿元，增长 6.1%。其中，税收收入（全口径）179.05 亿元，增长 5.0%，占财政总收入比重为 84.0%。一般公共预算收入 129.24 亿元，增长 4.1%；税收收入占一般公共预算收入的比重为 73.7%。在主体税种中，增值税 45.77 亿元，增长 16.2%；企业所得税 9.78 亿元，增长 8.1%；个人所得税 1.40 亿元，下降 48.1%。2019 年，抚州市全年一般公共预算支出 474.32 亿元，增长 17.3%。其中，一般公共服务支出 48.40 亿元，增长 27.3%；科学技术支出 13.21 亿元，增长 28.3%；社会保障和就业支出 53.43 亿元，增长 3.9%；医疗卫生支出 53.63 亿元，增长 9.2%；教育支出 76.91 亿元，增长 12.8%；农林水事务支出 58.99 亿元，增长 4.4%；城乡社区事务支出 72.73 亿元，增长 88.4%。

　　2019 年，抚州农业总产值 371.11 亿元，按可比价计算增长 3.1%；粮食种植面积 618.64 万亩，比上年下降 1.3%；实现粮食总产量 274.31 万吨，下

---

　　① 参见抚州市统计局相关统计数据。

降 1.2%；蔬菜播种面积 104.41 万亩，增长 1.3%，蔬菜总产量 154.18 万吨，增长 0.4%；棉花种植面积 2.73 万亩，下降 0.5%，棉花总产量 0.26 万吨，下降 0.3%；油料作物总产量 5.59 万吨，增长 2.6%。全年肉类总产量 31.35 万吨，下降 5.1%。其中，猪肉产量 17.85 万吨，下降 17.5%；牛肉产量 0.53 万吨，增长 8.0%；羊肉产量 0.1 万吨，增长 13.8%；禽肉产量 12.85 万吨，增长 22.4%。年末生猪存栏 86.61 万头，下降 36.9%，生猪出栏 214.83 万头，下降 18.3%；年末牛存栏 16.48 万头，下降 0.4%，牛出栏 4.42 万头，增长 7.3%；年末羊存栏 3.39 万头，增长 8.5%，羊出栏 4.63 万头，增长 11.6%；家禽出笼 9497.96 万羽，增长 21.6%。全年水产品产量 16.73 万吨，增长 2.4%。目前，抚州全市有水产健康养殖示范场 47 家，无公害水产品 43 个，绿色有机水产品 19 个，南丰县成功创建农业农村部水产健康养殖示范县。全市新增绿色食品、有机认证农产品 27 个，"三品一标"达 630 个，其中，新增绿色食品、有机认证农产品 23 个；新增地理标志农产品 4 个，总数达 30 个。2019 年主要农产品产量及其增长速度如表 2-1 所示。

表 2-1　2019 年主要农产品产量及其增长速度

产品名称	产量（万吨）	比上年增长（%）
粮食	274.31	−1.2
其中：稻谷	261.67	−1.6
油料	5.59	2.6
其中：油菜籽	1.97	1.6
棉花	0.26	−0.3
烟叶	0.56	−45.0
茶叶	0.29	1.7
园林水果	171.55	−4.7
蔬菜	154.18	0.4
肉类	31.35	−5.1
水产品	16.73	2.4

资料来源：抚州市统计局官网。

2019 年，抚州全市全部工业增加值 413.38 亿元，比上年增长 8.7%，占 GDP 的比重为 27.4%。其中规模以上工业增加值增长 8.8%。规模以上工业总产值 1629.13 亿元，增长 8.3%。其中，股份制企业完成总产值 1532.87 亿元，增长 8.8%；国有企业完成总产值 0.83 亿元，下降 27.6%。2019 年，抚州全市工业园区开发面积 51 平方千米，工业园区完成营业收入 1567.4 亿元，增长 8.9%。全市六大支柱产业营业收入为：化工建材 202.38 亿元、机电汽车 356.1 亿元、有色金属加工 446.17 亿元、食品加工 78.29 亿元、生物医药 70.61 亿元、电子信息 53.47 亿元，全市工业园区内投产工业企业 1016 家。2019 年末，全市在库建筑业企业 195 家，其中，一级资质以上建筑企业 42 家。全年全市建筑业企业实现增加值 160.49 亿元，增长 6.7%。全市具有资质等级的总承包和专业承包建筑业企业完成总产值 491.73 亿元，增长 15.1%；建筑业劳动生产率 325261 元／人（按建筑业总产值计算），增长 14.3%。2019 年规模以上工业主要产品及其增长速度如表 2-2 所示。

表 2-2 2019 年规模以上工业主要产品产量及其增长速度

指标	单位	产量	增长（%）
饮料酒	千升	72998	-6.7
大米	吨	357463	6.5
饲料	吨	364924	-26.0
精制食用植物油	吨	6326	-25.8
人造板	立方米	834803	-4.6
纸制品	吨	172298	18.2
纱	吨	106209	-2.1
化学纤维	吨	4506	-68.6
水泥	吨	2449114	-4.5
塑料制品	吨	226532	3.9
机制纸及纸板（外购原纸加工除外）	吨	274107	15.9
铝合金	吨	39769	9.8
铜材	吨	686654	6.5
电子元件	万只	18278	-22.9

资料来源：抚州市统计局官网。

2019 年，抚州市全年全市固定资产投资增长 9.2%。分产业看，第一产业投资增长 3.2%，占全部投资的 5.1%；第二产业投资增长 11.3%，占全部投资的 48.1%；第三产业投资增长 7.8%，占全部投资的 46.8%。全年工业投资增长 11.2%。其中，计算机、通信和其他电子设备制造业投资增长 10.3%；汽车制造业投资增长 39.6% ；非金属矿物制品业投资增长 7.2% ；化学原料及化学制品制造业投资增长 15.2%。全市全年非国有经济投资增长 5.7%，占固定资产投资的 67.2%。其中，民间投资增长 6.1%。

2019 年，全市进出口总值 152.40 亿元，增长 7.9%。其中，出口总值 139.87 亿元，增长 6.8% ；进口总值 12.53 亿元，增长 22.3%。实际利用外商直接投资 4.12 亿美元，增长 7.0%。新引进 2000 万元以上项目 414 个，同比增长 15.32%，其中亿元以上项目 171 个；项目实际进资 568.49 亿元，同比增长 8.81%，其中亿元以上项目实际进资 490.22 亿元。不仅如此，海关正式开关运行，结束抚州市外贸企业异地报关的历史。中欧班列和铁海联运货运班列实现常态化运行。国际贸易"单一窗口"标准版报关、报检覆盖率均已达到 100%。

目前，抚州市在保持经济总量扩张的同时，更加注重效率、质量、动力三大变革的驱动作用。一是质量变革的驱动作用：抚州在核心技术上屡获创新性突破，全年抚州市有 4 个项目在江西省获省科技进步奖一等奖；有 45 家企业和 59 个企业创新型产品获得省级优秀新产品奖。抚州市高新区取得突破，进入国家高新区百强排行榜，成为 2018 年江西发展最快的国家高新区。其中，江铃底盘成为江西省唯一获得 2018 年国家技术创新示范证书的企业，崇仁县也首次获得江西省创新县（区）称号。二是效率变革的驱动作用：抚州市目前已经全面实施多证合一政策，也是全江西省第一个实现全市范围内政务信息统筹管理和集约化使用的地区，提升了政务治理水平，提高了政务治理效率；在"降成本、优环境"的专项行动中，抚州市为全市企业降低成本 52.72 亿元，尤其是广大中小企业在此政策中受益显著。三是动力变革的驱动作用：2018 年抚州创世纪超算中心 14 万台服务器全部运行，曙光政务云计算中心也已经实现运营，据统计，抚州数字经济新动能对经济增长贡献全面显现，贡献超过 30%。近年来，抚州全市全年的研发投入都保持着 30% 以上的高速增长，新增国家级高新技术企业达到 104 家，实现 77% 增长，高新技术产业增加值实现 12.6% 增长，战略性新兴产业实现 9.5% 增长。文化产业增加值实现 19.4% 增长，并再次入选"中国文化竞争力十佳城市"。动力、质量、效率的三大变革大力推动了抚州全市产业结构的转型调整与升级，把实体经济，尤其是中小企业，中小实体经济做大、做实、做优、做强。

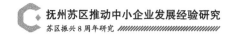
第三节 抚州苏区各县区概况

一、南城县的基本概况

南城县是江西省委、省政府规划的抚州副中心，是省直管试点县，位于江西省东部、抚州市中部，县域面积为 1698 平方千米，辖 10 镇 2 乡 150 个行政村，总人口为 35 万，城市人口为 18.4 万，城镇化率达 57.3%。概括来说有三个特点：

一是枢纽之城。南城自古就是"踞八闽之咽喉、控百粤之襟带"，境内一条铁路（向莆铁路）、两条高速（福银高速、济广高速）、三条国道（206 国道、316 国道、昌厦公路）交汇贯通，规划中的腾桥民用机场离县城 20 余千米，抚州到南城的快速通道、南城—宜黄—崇仁—丰城的加密高速也正在规划中。

二是实力之城。南城被称为"赣抚粮仓"。全县有耕地 30 万亩，林地 170 万亩，可用水面积达到 14 万亩。南城是全国食品工业强县、渔业健康养殖示范县、粮食高产创建县、农产品质量安全县。南城还是江西省果业"十强县"、水产"十强县"、江西首个"吨粮田县"。南城水资源丰富，江西省 7 大水库南城就有 2 个。近年来，南城围绕"一核中心区"定位，按照"搭平台、育龙头、破难题、扶实体、产集聚、建机制"的思路，重点发展电子信息、中医药、校具（教育装备）三大产业集群，积极打造 1500 亩电子产业园、1500 亩中医药产业园、1500 亩校具产业园，产业聚集效应正逐渐显现。2019 年，南城县全县 GDP 达 1483916 万元，增长 8.3%，增幅排全市第 3 位。分产业来看，第一产业实现增加值 186853 万元，增长 3.3%；第二产业实现增加值 543824 万元，增长 9.6%，其中，工业增加值 446898 万元，增长 8.9%，建筑业增加值 96926 万元，增长 13.9%；第三产业实现增加值 753239 万元，增长 8.8%。三次产业结构为 12.6：36.6：50.8，与 2018 年同期相比，第一产业下降 0.3 个百分点，第二产业上升 0.1 个百分点，第三产业上升 0.2 个百分点。

三是魅力城市。南城历史文化底蕴深厚。迄今已有两千余年的历史。是江西省最早的 18 个古县之一。被誉为"赣地名府、抚郡望县"。明朝皇帝朱元璋六世孙益端王朱佑槟曾就藩于南城，史称建昌府。历史悠久，孕育了麻姑长寿文化、洪门益王文化、建昌帮中药文化等影响深远的地域文化。现在，南城县以"洞天福地、养生南城"为发展目标，以"两河"（黎滩河、盱江河）为城市发展主轴，以"一山一水"（麻姑山、洪门湖）为城市发展规划的两翼，以聚星塔、万年桥、古镇古村等古建筑为城市发展的重要文化底蕴作为补充，开启了南城全域旅游发展的新局面，麻姑山风景区已成功入选国家 AAAA 级旅游景区，旅游市场化发展步伐加速前进。

二、南丰县的基本概况

南丰县的面积为 1920 平方千米，位于江西的东南部，抚州市的南部，南丰县辖 7 镇 5 乡 1 场，总人口共计 32 万，2019 年，南丰县的 GDP 为 137.88 亿元，在抚州市排名第四，仅次于抚州的临川区、东乡区和南城县。

南丰县始建于三国时期（公元 257 年），已有 1700 多年的历史。目前南丰拥有"千岁贡品——南丰蜜橘、千载非遗——南丰傩舞、千古才子——曾巩、千秋古窑——白舍窑、千年古邑——南丰古城"五张城市发展名片。因此，南丰素有"世界桔都、休闲南丰、中国傩乡、曾巩故里"的美誉。

南丰县区位优越，交通便捷。南丰县是众多国家经济发展战略的叠加区，南丰即是赣南等原中央苏区的苏区县，又是鄱阳湖生态经济区、海西经济区、生态文明先行示范区、赣闽产业合作示范区、昌抚合作示范区等，也是西部政策延伸县和中国农业发展银行对口支援县，是向莆经济带上由赣入闽的第一站和"桥头堡"。福银高速、济广高速与规划中的昌莆高速从南丰县横穿而过，向莆铁路贯穿南丰县全境，G206 与 G322 国道纵横交叉南丰县，立体快速的大交通格局已经初步形成，是我国中西部众多城市出海通商的重要贸易通道。

南丰县山川秀美，风光旖旎。南丰县的森林覆盖率达到了 77.58%，是国家的重点生态功能保护区，全域宜游，处处皆景，拥有无边无际的浩瀚桔海、国家森林公园——军峰山、国家 AAAA 级景区——桔文化旅游产业集聚区、全国首个丹霞地貌型"国家湿地公园"——傩湖、养生温泉——桔都沁温泉等众多自然景观、人文景观。目前，南丰县有国家 AAAA 级景区 1 个、国家 AAA 级景区 9 个。江西省 AAAA 级乡村旅游点 5 个、江西省 AAA 级乡村旅游点 21 个。不仅如此，南丰县还被列为首批国家全域旅游示范区，获得"全国休闲农业和乡村旅游示范县"和"江西省全域旅游推进十佳县"的称号。

南丰县物华天宝，特色鲜明。南丰蜜橘具有 1700 多年栽培史，富含 40 多种丰富的氨基酸、硒、维生素和微量矿物质元素，自唐朝初始南丰蜜橘就作为皇室专享果品。南丰蜜橘的品牌价值已达 51.14 亿元，并获得"中国驰名商标""国家地理标志产品""中国名牌农产品""绿色食品"等诸多称号，名列"2018 中国果品区域公用品牌价值榜"第 7 位。目前，南丰县拥有 700000 亩土地用于种植蜜橘，平均年产量可以达到 13 亿千克。由于南丰蜜橘品牌享誉国内外，南丰的种植规模和产量又居世界首位，综合年产值已经超过 120 亿元，出口数量和出口国家数量也居全国首位，已远销世界 40 多个国家和地区。南丰蜜橘是抚州市第一个产值超百亿元的农业产品，南丰县也获得了众多称号，包括中国特色农产品优势区、国家级出口食品农产品质量安全示范区、全国电子商务进农村综合示范县、全国农村一二三产业融合发展先导区、江西省扶持村级集体经济助推美丽乡村建设试点县等称号。

在习近平新时代中国特色社会主义思想的指引下，南丰县正按照"生态引领、全域融合、实干为先、增进福祉"的总体要求，着眼于"世界橙之都·南丰休闲"的总体目标在发展的道路上快速前行。国内首个农业产业化水果出口示范产业园坐落南丰县、国内公路口岸作业区坐落南丰县、江西唯一的水果无水港坐落南丰县、江西第一个县级柑橘检验检疫点坐落南丰县、江西首个使用 E-CIQ 系统的县级智慧口岸坐落南丰县，南丰蜜橘中欧冷链班列成功南丰首发，这一切都标志着南丰县作为特色农业大县的快速崛起。南丰县还获得"全国食品工业强县"、全国"三产融合"示范县、"全国资源循环利用基地"和"江西省十佳宜商县级城市""江西省工业崛起年度贡献奖"等荣誉。

三、资溪县的基本概况

资溪地处江西省东部、武夷山脉西麓，面积达 1251 平方千米，现辖 2 乡 5 镇和 5 个生态公益型林场，总人口为 13 万，有济广高速、抚吉高速、316 国道和鹰厦铁路穿境而过，是江西的东大门和重要的入闽通道。2019 年，资溪县完成地区生产总值 43.21 亿元。2019 年 9 月，资溪县入选首批国家全域旅游示范区。2020 年 6 月，入选国家森林康养基地（第一批）名单。资溪县具有以下几个突出特点：

一是生态大县。森林覆盖率高达 87.3%，是武夷山脉生态系统重要的组成部分，它是江西省第二大河流抚河的源头之一。江西省马头山国家级自然保护区置身其中，拥有青凉山国家森林公园、九龙湖国家湿地公园、华南虎放归基地等多张国家级名片。自 2002 年以来，资溪县始终坚持"生态立县"的基本战略，以绿水青山就是金山银山为发展导向，大力发展绿色产业、低碳产业和有机农牧产业，推动生态旅游与现代服务业的发展。目前资溪县已经获得"中国天然氧吧""国家重点生态功能区""国家生态文明建设示范县"等称号。

二是旅游强县。境内群山连绵，河溪遍布，自然风光集"奇秀美"特色于一身；人文景观融"山水田林村"于一体，拥有可开发旅游资源单体 120 余个。资溪县以大觉山 AAAAA 级旅游风景区为龙头，以"大觉溪""真相乡村"等优质旅游带为资溪重点旅游资源带打造"江西特色山水"的美丽画卷。资溪不仅获得"江西省旅游县"的称号，而且还获得"国家全域旅游示范区"的称号，并主办了 2018 年江西省旅游产业发展大会。

三是面包之乡。从 20 世纪 80 年代开始，资溪县面包产业逐渐形成规模，一支由 5 万多人组成的面包团在全国 1000 个县市区开设了 16000 家以上的"资溪面包店"，打出了资溪面包的品牌，不仅如此，资溪面包大军更是已经走出国门进入俄罗斯、缅甸、越南等国外市场，实现年产值近 200 亿元，同时带动周边县市 20 余万人从事烘焙相关行业，被命名为"中国面包之乡"。正在规划建设全国首个面包小镇、面包食品产业城，实施"资溪面包"品牌整合计划，构建集研发、生产、培训、集采、会展和门店销售为一体的产业链。

四是原中央苏区县。资溪县早在 1927 年 11 月就成立了中共党支部，1933 年 5~12 月，全县属中央苏区闽赣省管辖，毛泽东、周恩来等老一辈革命家在资溪县都留下了革命的足迹。

四、宜黄县的基本概况

宜黄县位于江西省中东部、抚州市的南面。该县始建于三国时期的吴太平二年（公元 257 年），至今已有近 1800 年的历史。宜黄之所以称之宜黄乃因该县处于宜水、黄水汇合处而得名。宜黄地形地貌以山丘为主，绿色资源丰富，先后获得了江西省绿色生态县，江西省森林城市的称号。不仅生态好，宜黄社会发展环境也十分优越，获得江西省和谐平安县、江西省民营经济发展最佳环境县等荣誉称号。2019 年，宜黄县 GDP 为 82.13 亿元。2020 年 1~4 月，宜黄县规模以上工业增加值同比下降 0.8%；固定资产投资同比增长 8.5%；限额以上社会消费品零售额 10324 万元；财政总收入 46477 万元，同比增长 1.7%。

宜黄生态优美，钟灵毓秀。这里有美丽的山脉和森林，森林覆盖率达到76.45%，就像天然的"大氧气吧"。境内的水系四通八达，宜水、黄水、曹水、梨水、蓝水五条水系在宜黄境内纵横交汇。这里不仅山好水好，空气环境质量更是达到国家一级标准。宜黄良好的生态环境孕育了这里独特秀美的自然风光，这里有典型丹霞地貌特征的太极岩风景区，有全市第一高峰的军峰山风景区、有省级华南虎自然保护区和中华秋沙鸭自然保护区，还有全市第一个徐霞客游线标志地绵延上百里的江南竹海风光带。这里不仅自然风景秀美，历史文化底蕴也同样悠久，大批文人骚客云聚于此，有北宋文学家、地理学家乐史，明朝兵部尚书、抗倭名将谭纶，清代禁烟名臣黄爵滋等历史名人。谈到宜黄的文化就不得不谈宜黄戏，它是首批入选的国家非物质文化遗产，是京剧"二黄腔"的源头，宜黄民间流传的禾杠舞也成功入选第四批国家级非物质文化遗产。这里禅宗文化源远流长，始创于唐代的曹山寺是佛教禅宗曹洞宗的祖庭；创建于南北朝时期的石巩寺，是马祖第一道场，并被宋仁宗敕封为"江西第一名山"。

宜黄基础夯实，工业发展势头强劲。工业发展脊梁挺起，宜黄县工业园区主营业务收入迈入全省百亿元园区行列，曾获得江西省循环经济试点园区、江西省发展升级十佳产业园区、江西省资源节约与环境保护先进集体等多项殊荣。宜黄的农业发展也十分高质高效，宜黄县是"国家级杂交水稻种子生产基地"，杂交制种连续 14 年产销规模居江西省第一，尤其是春季杂交制种产销规模位居全国第一。不仅杂交制种全国领先，宜黄的毛竹产业发展也前景广阔，毛竹种植面积达到 56 万亩，被列入江西省"竹类特色产业项目实施县"。除了制种、毛竹产业，这里的食用菌产业规模也位居全国前列，江西省第一。为了宜黄向集特色种养、休闲观光为一体的现代化农业示范园转型发展，打造完美绿色生态空间。宜黄的电子商务新业态也逐步显现，融合诸多产业合并式发展，不断形成宜黄经济发展过程中新的闪光点和增长点。

目前，宜黄县正随着创新引领战略的强势推进，不断散发出创新的魅力。政务环境不断创新，全面深化了行政审批制度改革，全面推行"三单一网"工作，大力简政放权，倾力打造了效率政府、阳光政府。修订完善了招商引资优惠政策，出台了比省、市优惠力度更大的促进实体经济稳健发展的实施意见。巨大的政策实惠促使企业放飞科技创新之翼，宜黄的企业产品在江西省乃至全国市场都已经占有一席之地。例如，弘泰电材携手洁美电子科技研发的三项产品被国家知识产权局授予实用新型专利，其中卡式载体纸技术更是替代进口；

盛达隆亚克力板材生产规模居国内行业前五；立伟轻工的产品占据国内40%的市场份额；帝玛实业成为江西省唯一专业从事汽车铝轮毂研发生产的现代化企业。一流的企业营商服务环境，把客商当亲人待、把企业当婴儿培育，为企业提供"保姆式""一站式"服务的发展氛围在宜黄尤其显得浓郁，宜黄也正在努力成为广大客商创新创业、合作共赢的发展高地。

五、金溪县基本概况

金溪位于江西东面，在抚河的中游，是武夷山脉与鄱阳湖平原的中间过渡区域。历史上，因产金银，山涧之色如金而得名"金溪"。全县面积1353平方千米，城镇化率41.5%。辖13个乡镇和华侨管理区，150个行政村，11个社区，人口31万。全县有42万亩耕地，132万亩适合林果生长的山坡丘陵。2019年，金溪的GDP达到93.33亿元。金溪自古以来就素有"千年古邑、心学圣地、江南书乡、华夏香都、文明之城"的美誉。

千年古邑，是指历史悠久的金溪古镇。金溪古镇已有1000多年的历史。目前，金溪仍有明清时期古村落100多个，古建筑共计11633座，其中历史文化名镇（村）7个，中国传统村落42个，具有重要的历史与文化价值，数量更是位居全省第一，堪称"一座没有围墙的古村落博物馆"，被评为江西省十大文化古县，获得中国传统建筑文化旅游目的地称号。

心学圣地，是指被称为"百世大儒"的"心学"创始人陆象山，他是与朱熹齐名的南宋著名思想家、教育家。陆象山是金溪人，因此，金溪被称为"心学"的发源地。

江南书乡，指的是金溪县曾经的浒湾镇，在明清时期是江南最大的雕版印书中心，当时每年有大量的书在这里印刷，这里印刷出版的书籍被世人称为"金溪书"。因此，才有"临川才子金溪书"的美誉。

华夏香都，是指金溪的香精香料特色产业，它在国内外都有一定的声誉和影响。天然樟脑粉产量居世界第一，天然芳樟醇产量居全国第一，在国际国内市场上具有市场定价权。目前金溪县的香精香料企业已多达52家，产业主营业务收入已经突破百亿元。金溪正是由于香精香料产业2012年就被国家工商总局授予"华夏香都"的著名地域标志，2014年又被江西省列入全省20大产业集群之一。2015年，金溪县又被授予"全国林下经济示范县"和"全国林木香料生物产业基地"的称号。2017年，金溪的特色小镇"香谷小镇"入选江西省首批特色小镇。2018 年"香谷小镇"被评为"江西省风情旅游小镇"和"江西省工业旅游示范基地"。

文明之城，是指金溪县十分注重城市文明建设，先后荣获国家及省级先进示范县称号，包括国家级全国文明县城、全国双拥模范县、省级园林城市、省级卫生城市、省级森林城市、省级生态文明示范县等。截至 2018 年统计数据，金溪县全年实现生产总值 90.5 亿元；三次产业结构比为 14.4∶36.5∶49.1；财政总收入 10.8 亿元；税收收入 8.9 亿元，占比 83%；社会消费品零售总额 30.8 亿元；规模以上工业主营业务收入 55.5 亿元；金融机构存款余额 114.9 亿元，贷款余额 105.2 亿元；城乡镇居民人均可支配收入分别为 30237 元和 14879 元。

六、乐安县的基本概况

乐安县，隶属于江西省抚州市，位于江西省中部腹地，抚州市西南部，县城距南昌市 164 千米、抚州市区 121 千米，东邻崇仁县、宜黄县，东南连宁都县，西南接永丰县，西北靠新干县，北毗丰城市。乐安建县于南宋绍兴十九年，境内古村古迹众多、非物质文化遗存丰富，其中，流坑村古建筑群就是全国重点文物保护单位。2019 年，乐安县完成生产总值 71.49 亿元。

乐安县是"三色"之地。首先，乐安县是红色之地。无数英雄儿女在这里为了革命理想英勇战斗过，毛泽东、周恩来、朱德、邓小平等老一辈无产阶级革命家也都曾在这片红色的土地上留下了光辉足迹。其次，乐安是绿色之地。乐安县境内气候温和，生态环境极其优越，森林覆盖率达 69.78%。最后，乐安是古色之地。乐安是一座千年古邑，古色浓郁，建县于公元 1149 年，境内古村古迹数量众多，是中国首批历史文化名村、中国首批传统村落。其中"千古第一村"全国重点文物保护单位流坑村就是乐安古色的典型代表。不仅如此，乐安的非物质文化遗存也相当丰富，乐安傩舞就被列入国家非物质文化遗产名录，被列入省级非物质文化遗产名录的还有乐安的小吹会、装故事、罗陂庙会、蛋雕等。

同时，乐安也是"三宜"之地。首先，乐安是宜业之地。随着乐安创业投资环境的不断改善，乐安已经成为投资创业的福地。乐安的交通也十分便利，昌宁、抚吉两条高速从南北、东西两个方向横穿乐安全境，乐安的机械电子产业、生物医药产业、轻纺鞋服产业、食品加工等产业的规模都日益壮大，乐安工业园区目前落户的企业已经超过 110 家。其次，乐安是宜居之地。乐安县目前城市绿化覆盖率达到 40%，乐安拥有国家级生态镇 1 个、国家级生态村 1 个，省级生态镇 3 个、省级生态村 6 个。最后，乐安还是宜游之地。乐安县目前有国家 AAAA 级景区 1 个、国家 AAA 级景区 4 个，江西省乡村旅游点 6 个。其中，流坑景区已经全面启动了创建国家 AAAAA 级景区工作，骑行道一期工程、流坑古村落文化风貌提升改造工程等项目顺利推进，经中国生态文化协会公布，流坑村荣获"全国生态文化村"称号，而金竹畲族乡风情旅游小镇也被成功认定为江西省旅游风情小镇。2018 年，乐安全县共接待游客约 442 万人次，综合旅游收入约 45.52 亿元，分别同比增长 20.1%、20%。

七、广昌县的基本概况

广昌县位于江西省东南部，因"道通闽广、隶属建昌"而得名。广昌县建县于南宋时期的绍兴八年（公元 1138 年），位于抚州市南部，武夷山西麓。东邻福建省建宁县，南接石城县，西连宁都县，北毗南丰县。

广昌县是我国的白莲之乡，种植白莲的历史较早，最早可追溯至唐朝时期，种植历史长达 1300 多年。广昌白莲作为历朝历代的"贡品"，专供历朝皇室。广昌白莲的年种植面积在 11 万亩左右，年产白莲达 9000 吨，年产值达 7 亿元。广昌县也是我国最大的白莲科研生产中心、集散中心和价格形成中心，因太空育种"太空莲"品质独特而闻名海内外。目前广昌县白莲种植面积和产量均居全国县级排名第一，尤其在盛夏，广昌更是成为花海世界，呈现出"接天莲叶无穷碧，映日荷花别样红"的美丽景象。因此，广昌也被誉为"中国最美的乡村"。不仅如此，广昌县的历史古迹也甚是繁多，且保存完好，有古朴典雅、巧夺天工的明清古建筑群；有流传了 600 多年，已列入国家非物质文化遗产名录，被誉为中国戏曲声腔"活化石"的"广昌孟戏"。

同时，广昌县还是中国物流第一县。20 世纪 80 年代中期，广昌县一批农村贩运能人、下岗工人和货车司机，率先下海闯入物流市场。如今，人口只有 23 万的广昌县，有近 5 万人从事物流业，在全国各大中城市创办了近 5000 家物流公司，年营业额 300 多亿元。物流业直接为广昌县财政创税 1000 多万元，为国家创税近 4 亿元，物流业的发展不仅为国家解决下岗工人和农村富余劳动力的就业问题，同时还带动了汽车、销售、服务业等相关产业的发展，创造了"广昌物流通天下"的奇迹。2006 年，广昌县被中国物流产业协会、中国物流诚信联盟授予"中国物流第一县"荣誉称号。

截至 2018 年统计数据，广昌全县地方生产总值达到 69.55 亿元，实现了 8.8% 的增长，增长幅度位居抚州全市第一；固定资产投资实现 10.9% 的增长；地方规模以上工业增加值实现 9.3% 的增长；地方财政总收入 9.32 亿元，实现了 7% 的增长；城乡居民人均可支配收入分别为 26511 元和 10399 元，增长幅度分别达到 8.7% 和 11.05%；社会消费品零售总额 17.3 亿元，相较于 2017 年同期增长 10.6%。2017 年广昌县被评为江西省科学发展综合考评先进县。2018 年又被省委、省政府评为江西省农业农村综合工作先进集体和全省新农村建设工作先进集体。

八、崇仁县的基本概况

崇仁县在抚州市的西面，江西省中部以东。全县总面积为 1520 平方千米，总人口在 38 万左右。崇仁县下设 7 镇、8 乡和 161 个村居（委）会，省级重点工业园区一个。目前，崇仁县有耕地总面积 45.45 万亩，林地总面积 150 万亩，森林覆盖率达到 63.1%。截至 2018 年统计数据，抚州市崇仁县地区生产总值达到 116.5 亿元，增长 7.7%；全县地方财政总收入 11.89 亿元，增长 5.5%。城乡居民人均可支配收入分别为 29024 元和 17574 元，增幅分别为 8.2% 和 8.7%。社会消费品零售总额 33.5 亿元，实现了 10.6% 的高速增长。崇仁荣获"全省首批创新型建设试点县""全省农业农村综合工作先进县"等称号。崇仁县概括起来主要有三点：

一是地理位置优越。崇仁县自古被称为巴山郡，已有 1430 多年的历史，古称"巴山郡"，素有"赣东望邑、抚郡望县"之称。崇仁县城距抚州市中心 40 千米，距省会南昌也仅有 135 千米。崇仁县既是原中央苏区，又是鄱阳湖生态经济区，还是生态文明建设示范区，也是昌抚一体化重要节点，在"四区一化"的政策格局中。伴随着抚吉高速公路、向莆铁路的通车、崇仁县的区位优势将得到进一步的凸显。

二是机电重县。崇仁县的工业起步较早，尤其是机电制造行业，其核心产业——变电设备制造在全国范围内都有一定的优势。目前，崇仁县有变压器和电感等变压相关设备生产企业，已经初步形成了较强的聚集效应，相关企业数量共计达 59 家，相关设备配套企业达 50 多家。2014 年，崇仁县的输变电装备产业已经被江西省批准为省级示范产业集群之一。2015 年，崇仁县又成功建成抚州市首个国家级新型工业化产业示范基地。不仅如此，崇仁县还在北斗变电技术有限公司的工作站成立了该县首个院士工作站，聘请中国科学院院士姚建铨为专业顾问，成功地建立了省级出口变电设备质量安全检验的示范区。崇仁工业园区还被授予"江西省两化深度融合示范园区"称号。如今，崇仁县已经成为变电设备生产企业最多、产品品类最齐全的专业变电设备产业基地，获得"省变电设备产业基地"称号。

三是麻鸡之乡。崇仁麻鸡是崇仁县极具地方特色的农产品，崇仁麻鸡富含人体所必需的多种氨基酸等营养物质，营养价值十分丰富，被列为江西省的四大名鸡之一。崇仁麻鸡以其独特的品牌效应获得了中国名牌农产品、国家地理标志产品、国家级无公害农产品等一系列称号。不仅如此，崇仁麻鸡还通过了国家级农产品地理标志品牌的认定，被我国原农业部农产品质量与安全中心授予"国家级农产品地理标志示范样板"的荣誉称号，崇仁县更被原国家农业部授予"中国麻鸡之乡"的美誉。2018年，崇仁麻鸡入选"中国第二批特色农产品优势区名单"，为江西省两个之一。目前，崇仁县全年麻鸡产值近20亿元，优质的崇仁麻鸡占比达95%以上，崇仁麻鸡产品更是畅销全国20多个省市，受到了消费者的一致好评。

九、黎川县概况

黎川位于赣闽边际，武夷山脉中段西麓，东南方向与福建省光泽、邵武、建宁、泰宁四县市接壤，西北与抚州市南城、南丰、资溪三县接壤，辖7镇、8乡、1农垦企业集团和1省级工业园区，形成"七山一水分半田、半分道路和庄园"的独特格局。黎川不仅是江西的东大门，也是海西桥头堡，其基本县情可概括为以下五句话。

文化厚重古邑。黎川历史悠久，三国时期因黎滩河贯穿全境而得名，公元257年建县，距今已有近1800年历史。历史遗存不胜枚举：十里明清长街，彰显了昔日繁荣；洲湖船形古屋，幽藏了洪帮传奇；福禄寿禧古寺，绵延了千年香火。文人雅士竞相留踪：李觏著述于风月亭，朱熹讲学于武夷堂，徐霞客钟情于会仙峰，张恨水夜读于南津渡。

人才辈出之乡。仅宋元明清四代，黎川学子考中举人497人、进士196人。五代的元德昭，首辅吴越20多年；北宋的邓润甫，官拜尚书左丞；南宋的张渊微，殿试夺取状元，官拜吏部侍郎；清朝的陈孚恩，历任五部尚书。黎川近代又涌现了著名红军将领鲁易等一批英雄人物，还有世界针灸学会创始人鲁之俊等一批能人志士。

绿色生态山城。黎川自然资源分布可以总结为"七山一水分半田，半分道路和庄园"的美丽景致。黎川生态优良，是国家环保部颁布的"国家级生态示范区"之一，其县域全境森林覆盖率达 67.5%。拥有岩泉国家森林公园、东华山水国家 AAA 级景区、玉湖等多样的自然与旅游资源。

产业发展前景广阔。黎川同时处于海西经济区、原中央苏区振兴发展战略区、西部政策延伸区三大战略平台，发展、政策优越。同时，黎川的产业发展基础良好，不仅是中国日用耐热陶瓷生产基地，更有中国香榧之乡的美名，还有中国民间油画之都的美号。不仅如此，黎川交通条件也非常优越，是由赣入闽的东大门，福银高速横贯东西，向莆铁路更是擦境而过。近年来，该县以"建设美好黎川"为总目标，按照"246"发展战略，以"16"项工程为抓手，大力推进四大攻坚战，全县经济稳中有进，城乡面貌持续改观，社会保持和谐稳定。根据 2019 年黎川县统计数据，截至 2018 年末，黎川全县完成生产总值 72.6 亿元，同比增长 8.1%。其中，第一产业增加值 10.7 亿元，同比增长 3.2%；第二产业增加值 27.9 亿元，同比增长 8.1%；第三产业增加值 34 亿元，同比增长 10%。三次产业比为 14.69：38.46：46.85，三次产业协调发展，三次产业结构不断改善。

第三章

国家支持中小企业发展的相关措施

第一节　创优质营商环境强根基

改革开放 40 多年来，我国的中小企业在促进社会发展、促进科技创新、增加就业岗位、改善民生福祉、扩大开放成果等方面都发挥了不可替代且十分重要的作用。民营经济也早已成为我国公有制经济主体发展下的多种所有制经济共同发展的关键组成部分。为此，国家为了更好地促进中小民营企业的发展，进一步激发中小民营企业创新活力，充分发挥中小企业、民营经济在推进供给侧结构性改革过程中的关键性作用，促进中小企业、民营经济的高质量发展，国家适时出台并颁布了《中共中央国务院关于营造更好发展环境支持民营企业改革发展的意见》（以下简称《意见》）。

党的十八大以来，中央高度重视民营经济发展。相继出台了"鼓励社会投资 39 条"、"激发民间有效投资活力 10 条"、"促进民间投资 26 条"、《关于深化投融资体制改革的意见》（以下简称《意见》）等一系列促进民间投资和民营经济发展的政策措施。2016 年 3 月，习近平总书记针对非公有制经济发表重要讲话，更是为民营企业"搬山破门"提出了五大举措。根据《意见》的相关要求，在以习近平同志新时代中国特色社会主义思想的指导下，充分贯彻党的十九大和十九届二中、三中、四中全会的主要精神，坚持和完善社会主义基本经济体制，坚持"两个不动摇"，坚持新的发展观，坚持供给侧结构性改革为主体，为我国的民营经济创造市场化、法治化、国际化的营商环境，确保我国的民营企业能够依法平等地使用社会相关资源，公开、公平、公正地参与相关竞争，同时受到法律的保护，推动中小企业、民营经济的改革创新，促进其转型升级和健康发展。民营经济健康、稳定、高速发展能够为中华民族伟大复兴

和实现"中国梦"发挥更大的推动作用。

近年来，各地区和部门按照党中央、国务院决策部署，从减审批减材料、加强规则公开透明监管、减轻企业负担、缩减环节压缩时限四个方面深入推行"放管服"等改革，切实改善了营商环境。"一站受理""一次结办"已在多地区落地实施。部分地区在政府服务上把"只跑一次"进一步优化为"一次不跑"。包括民营企业在内的各类市场主体的活力被激活、获得感增强，稳定、公平、透明、可预期的营商环境持续营造，开放型经济新体制不断完善，推动了我国经济持续健康发展。随着商事制度改革的推进，"办照难""办证难"等公共服务问题已不再是民营企业发展面临的普遍痛点，取而代之的是市场竞争与企业性质挂钩的行业准入、资质标准、产业补贴等不平等制度约束，以及招标中与业务能力无关的企业规模门槛等隐性壁垒。这些形式上平等、实际上不平等的潜规则，才是当前制约民营经济发展的切肤之痛。

此次发布的《意见》，是党中央对民营经济发展的又一次战略部署，对开创民营经济发展新局面，具有十分重要的意义，充分彰显了党中央支持民营经济发展的决心。在深化"放管服"改革的基础上，提出要"全面排查、系统清理各类显性和隐性壁垒""在电力、电信、铁路、石油和天然气等重点行业和领域开放竞争性业务""破除招投标隐性壁垒"等一系列改革举措，可谓是直指痛点。特别是明确将垄断性领域进一步向民营企业开放，为民营企业的长治久安、平稳发展提供了稳定的制度保障。

一、继续优化市场环境实现更加公平的竞争环境

一是加大力度放开民营企业的市场准入门槛。持续推进"放管服"改革，进一步简化市场准入的行政审批手续。全面落实民营企业准入放宽的政策措施，定期跟踪和评估市场准入放宽政策的执行情况，通过跟踪与评估深入研究和清除各种阻碍民营经济发展的隐性障碍。支持符合条件的企业参与原油进口、成品油出口。在基础设施、社会事业、金融服务业等领域大幅放宽市场准入。

二是实施公平统一的市场监管制度。进一步规范失信联合惩戒对象纳入标准和程序，建立完善的信用修复机制和异议制度，规范信用核查和联合惩戒。加强优化营商环境涉及的法规规章备案审查。深入推进部门联合"双随机、一公开"监管，推行信用监管和"互联网＋监管"改革。细化明确行政执法程序，规范执法自由裁量权，严格规范公正文明执法。深化要素市场化配置体制机制

改革，健全市场化要素价格形成和传导机制，保障民营企业平等获得资源要素。

三是强化公平竞争审查制度刚性约束。坚持存量清理和增量审查并重，并持续清理和废除妨碍统一市场和公平竞争的各种规定和做法，加快清理与企业性质挂钩的行业准入、资质标准、产业补贴等规定和做法。推进产业政策由差异化、选择性向普惠化、功能性转变。严格审查新出台的政策措施，建立规范流程，引入第三方开展评估审查。建立面向各类市场主体的有违公平竞争问题的投诉举报和处理回应机制并及时向社会公布处理情况。

四是打破民营企业投标隐藏壁垒。对有民营企业参与的投标，不得以中标企业性质为由进行拒绝，不得设置与经营能力无关的企业规模门槛，不能设置明显超过招标项目要求的业绩门槛，对于具备相应资质条件的民营企业，应保证依法依规参与竞标，必须完善招标程序监督和信息公开制度，对违反上述公平竞争原则的招标人或单位应依法依规进行追责。

二、完善政策落实，做到政策供给精准有效

一是加大力度减轻民营企业税费负担。切实落实国家的减税降负政策，进一步畅通减税降费政策传导机制，有效降低民营企业成本。扩大小微企业享受税收优惠政策范围，切实减轻民营企业尤其是小微民营企业的负担。建立健全税收监督检查清单制度，落实民营企业相关收费清单制度，确保收费公平、公正、合理、公开，既要以最严格的标准防止偷税漏税，又要避免不当征税对企业正常经营的影响。清理过去因违规收费、摊派事项和各类评比达标活动，加大力度清理整治第三方截留减税降费红利等行为，对整改效果实施通报。

二是健全银行业金融机构服务民营企业体系。进一步提高金融结构与经济结构匹配度，支持发展以中小微民营企业为主要服务对象的中小金融机构。深化联合授信试点，鼓励银行与民营企业构建中长期银企关系。健全授信尽职免责机制，在内部绩效考核制度中落实对小微企业贷款不良容忍的监管政策。强化考核激励，合理增加信用贷款，鼓励银行提前主动对接企业续贷需求，进一步降低民营和小微企业综合融资成本。

三是完善民营企业融资支持制度。完善民营企业融资支持制度，目的在于提高民营企业首发上市和再融资审核效率，完善民营企业的股票发行和再融资制度。实施创业板和新三板的系统性改革，更加高效地服务于民营企业可持续发展，鼓励民营企业进入科创板上市。鼓励与支持在合法合规的条件县，支持

资管产品和保险资金通过投资私募股权基金等方式积极参与民营企业救助融资，支持民营企业发行债券，降低可转债发行门槛。积极吸引社会力量参与民营企业债转股，鼓励通过债务重组等方式共同化解股票质押风险。

四是健全民营企业融资增信支持体系。积极探索民营企业信用增信新机制，鼓励有条件的地方设立中小民营企业风险补偿基金，研究提升民营企业信用的示范项目。推进民营企业的动产抵押融资服务，鼓励建立第三方动产抵押融资服务平台。同时，推动抵押流程简便化、标准化、规范化，建立统一的动产和权利担保登记公示系统。开发民营企业债券融资支持工具，以市场化方式增加信贷支持民营企业融资。

五是建立清理和防止拖欠账款长效机制。各级政府和国有大型企业应当依法履行与民营企业和中小企业签订的协议和合同，不得违背私营企业和中小企业的真实意愿，或者采取约定支付方式以外的承兑汇票形式延长支付期限。加快及时支付款项有关立法，建立拖欠账款问题约束惩戒机制，通过审计监察和信用体系建设，提高政府部门和国有企业的拖欠失信成本，对拖欠民营企业、中小企业款项的责任人严肃问责。

三、健全法制环境实现平等保护

一是健全执法司法对民营企业的平等保护机制。加大对民营企业的刑事保护力度，依法惩治侵犯民营企业投资者、管理者和从业人员合法权益的违法犯罪行为。提高法院审判和执法的效率，避免诉讼延误影响业务生产和运营。保障民营企业家在协助纪检监察机关审查调查时的人身和财产合法权益。健全知识产权侵权惩罚性赔偿制度，完善诉讼证据规则、证据披露以及证据妨碍排除规则。

二是保护民营企业和企业家合法财产。严格按照法律程序采取查封、扣押、冻结等措施。依法严格区分违法所得、涉案财产和合法财产。严格区分企业法人所有资产和股东个人所有资产。涉案人员的个人资产和家庭其他成员的资产必须严格区分。持续甄别纠正侵犯民营企业和企业家人身财产权的冤错案件。建立涉政府产权纠纷治理长效机制。

四、鼓励中小民营企业改革创新

一是鼓励民营企业加快建立灵活高效的现代企业制度。建立灵活高效的现代企业制度可以使民营企业内部的管理达到治理结构合理、股东行为规范、内部约束有效的要求，重视发挥公司律师和法律顾问作用。鼓励民营企业制定规范的公司章程，完善公司股东会、董事会、监事会等制度，明确各自职权及议事规则。鼓励民营企业完善内部激励约束机制，规范优化业务流程和组织结构，建立科学规范的劳动用工、收入分配制度，推动质量、品牌、财务、营销等精细化管理。

二是支持企业加强创新。鼓励民营企业独立或与有关方面联合承担国家各类科研项目，参与国家重大科学技术项目攻关，通过实施技术改造转化创新成果。各级政府组织实施科技创新、技术转化等项目时，要平等对待不同所有制企业。加快向民营企业开放国家重大科研基础设施和大型科研仪器。在标准制定、复审过程中保障民营企业平等参与。系统清理与企业性质挂钩的职称评定、奖项申报、福利保障等规定，畅通科技创新人才向民营企业流动渠道。在人才引进支持政策方面对民营企业一视同仁。

三是鼓励中小民营企业转型升级优化重组。鼓励民营企业在主营业务的基础上加快转型升级，支持民营企业参与国有企业改革，支持民营企业做大做优做强，在全国范围内培育更多具有全球竞争力的一流世界级民营企业。优化兼并重组的市场环境，引导中小民营企业走"专业化、创新化"发展道路。同时，完善企业破产、清算、重组等法律制度，畅通企业的破产、清算等退出渠道，做好"僵尸企业"后续处置工作。

四是完善民营企业参与国家重大战略实施机制。鼓励民营企业积极参与共建"一带一路"、京津冀协同发展、长江经济带发展、长江三角洲区域一体化发展、粤港澳大湾区建设、黄河流域生态保护和高质量发展，推进海南全面深化改革开放等重大国家战略，积极参与乡村振兴战略。在重大规划、重大项目、重大工程、重大活动中积极吸引民营企业参与。

五、促进中小民营企业规范健康发展

一是引导民营企业聚精会神办实业。营造实干兴邦、实业报国的良好社会氛围，鼓励支持民营企业心无旁骛做实业。引导民营企业提高战略规划和执行能力，弘扬工匠精神，通过聚焦实业、做精主业不断提升企业发展质量。大力弘扬爱国敬业、遵纪守法、创新发展、追求卓越、服务社会等优秀的企业家精神，认真总结和梳理宣传一批正面的典型案例，发挥其示范带动作用。

二是推动民营企业守法合规经营。明确民营企业的经营底线，倡导并要求民营企业在经营的同时做到依法依规经营、治理、维权等企业活动，认真履行环境保护、安全生产、职工权益保障等责任。民营企业走出去要遵法守法、合规经营，塑造良好形象。

三是推动民营企业积极履行社会责任。引导民营企业重信誉、守信用、讲信义，自觉强化信用管理，及时进行信息披露。支持民营企业赴革命老区、民族地区、边疆地区、欠发达地区和中西部、东北地区投资兴业，引导民营企业参与对口支援和帮扶工作。鼓励民营企业积极参与社会公益、慈善事业。

四是引导帮助民营企业家成长。积极引导民营企业家加强自我学习，重视自身与企业的形象树立，做到热爱祖国、热爱人民、热爱党，把守法诚信作为安身立命之本，积极践行社会主义核心价值观。实施青年民营企业家健康成长计划，加强青年企业家的理想信念与爱国教育，支持帮助民营企业家实现事业新老交接和有序传承。

六、构建亲清化的和谐政商关系

一是建立规范化机制化政企沟通渠道。地方各级党政主要负责同志要采取多种方式经常听取民营企业意见和诉求，畅通企业家提出意见诉求通道。鼓励行业协会商会、人民团体在畅通民营企业与政府沟通等方面发挥建设性作用，支持优秀民营企业家在群团组织中兼职。

二是完善涉及企业的政策制定与执行机制。政府及相关行政机关在制定与企业相关的政策时，必须要充分听取相关行业企业的意见或建议，在充分调研的基础上制定政策。同时，必须保持政策的连续性和稳定性，健全涉及企业的政策全流程评估制度，完善涉及企业的政策调整程序，根据实际设置合理过渡期，给企业留出必要的适应调整时间。政策执行要坚持实事求是，不搞"一刀切"。

三是创新民营企业服务模式。进一步提升政府服务意识和能力，鼓励各级政府编制政务服务事项清单并向社会公布。维护市场公平竞争秩序，完善陷入困境优质企业的救助机制。建立政务服务"好差评"制度。完善对民营企业全生命周期的服务模式和服务链条。

四是建立政府诚信履约机制。各级政府要认真履行与民营企业在招商引资、政府与社会资本合作等活动中签订的各类合同，建立政府失信追查机制和责任追究机制，对民营企业因国家利益、公共利益或其他法定事由需要改变政府承诺和合同约定而受到的损失，要依法予以补偿。

可以说，此次《意见》的发布具有很强的指导性和针对性，在释放改革红利的同时，也释放了更多政策空间。因此，地方政府和有关部门在健全相关机制、完善配套细则的过程中，必须克服目标短期化、手段行政化等问题，将政策制定得更加科学精准，并以更大的格局、更开放的视野、更包容的心态，急民企之所急、忧民企之所忧、想民企之所想、需民企之所需；必须打破"卷帘门""玻璃门"和"旋转门"，做到使民营企业"准入"更"想入"，要让民营企业通过政策的"落地感"得到实实在在的"获得感"。同时，为了优化公平竞争的市场环境，《意见》着力于消解非公平性政策、破除限制性措施，使民营企业清晰地看到了打破壁垒的方向和路径；《意见》要求实施公平统一的市场监督制度，保障民营企业平等获得资源要素，可让民营企业拥有更多的获得感；《意见》将越来越多的"国之重器"对"民"开放，鼓励和欢迎民营企业为国家核心行业做出贡献，也将使民营企业获得更多荣誉感。

第二节　降税减负抓根本

2016年8月8日，国务院印发了《降低实体经济企业成本工作方案》的通知，在通知中指出，降低企业税负、融资、人工、交易、用地用能、物流六大块成本帮助中小企业实现转型升级，提升企业附加值水平，使中小企业的整体盈利能力显著增强。之所以国家要实施更大规模的减税降费政策，就是要让企业轻装上阵，让市场发展更有活力。在过去的30年，中国在改革开放、人口红利、政治制度等优势下，经济建设获得举世瞩目的成就。随着经济向高质量增长，改革开放进入深水区，未来经济的增长还是要依靠科技创新与研发投入，具体来说就是要进一步加大科技创新，通过减税来增加企业，特别是高科技企业的收入，降低企业的经营压力，让企业有更多的资金来进行研发，实现企业的转型升级，提高产品的科技含量，增强企业未来发展的核心竞争力。

一、降低企业税费成本

一是全面开展营改增试点，切实减轻各行业税负。扩大建筑业、房地产业、金融业、生活服务业营业税改征增值税试点范围，将增值税纳入所有企业新增房地产扣除范围。

二是实施研发费用减免政策。强化各部门间的协调配合，完善节能环保专用设备的税收优惠政策清单。全面落实企业研发费用加计扣除政策，同时完善《环境保护专用设备企业所得税优惠目录》和《节能节水专用设备企业所得税优惠目录》清单，更好地引导企业使用专用环保设备保护环境。

三是扩大免收行政费用的范围。清理和规范针对企业的收费行为，将国内行政事业性收费扩大到所有小型和微型企业和个人，范围涉及植物检疫费、社会公用计量标准证书费等 18 项行政性事业收费。全面实施收费目录的清单化管理，在地方政府及国务院各部门网站进行常态化公示，定期向社会发布有关的行政收费清单、政府性基金项目清单、政府定价或指导性商业服务收费清单以及相关中间服务类收费清单等。清理以往各类电子政务平台服务收费，严格禁止各类电子政务平台捆绑服务收取企业费用的行为，严厉查处各种与行政职能有关、无法律依据的乱收费行为。同时必须通畅企业的反馈与举报机制，加强对企业相关收费的监督与管理力度。

四是取消一批政府基金性收费。继续扩大中小微企业的政府性收费的免征收范围，取消一切违反地方规定收取如工业燃气用户费、燃料加工费等相关费用。免征新增菜地开发建设资金和林业资金。暂停征收价格调节基金，整合合并水库移民扶持资金等七项政府性基金。同时，扩大教育费附加、地方教育费附加、水利建设基金等征收范围由月销售额或营业额 3 万元标准提升至月销售额或营业额 10 万元标准。

二、降低企业融资成本

一是保持企业资金的流动性。引导银行加大对中小企业和薄弱环节及重点领域的信贷支持力度，创造适宜的货币金融环境。通过差别准备金率、再融资、再贴现等政策对上述企业及重点领域进行实质性帮扶，充分发挥发展银行等金融机构和金融相关政策的作用，为我国基础设施建设和战略性新兴产业提供长期金融资本活力。

二是降低企业融资的中间成本。降低中小企业贷款的中间成本，禁止"贷转存""存贷挂钩"等变相加息行为的发生，切实完善信贷资金融资机制，增强企业融资担保。引导和督促银行等金融机构依法制定合理的收费标准，全面停止违规违法收费行为的发生。鼓励地方政府设立政府担保基金，发展政府性融资担保机构，鼓励利用注资、再担保、风险补偿等金融措施，提高对小微企业和重要战略性新兴领域的担保积极性。

三是完善银行系统内的考核制度和监管指标。银行等金融担保机构应充分考虑各相关评价指标，积极落实提升中小企业贷款风险承受能力要求，提高自身风险承受能力，加大不良资产处置力度。应适当调整银行等金融担保机构不良资产转移方式、范围、打包项目和户数，逐步提高处置不良资产的能力，提高不良资产转移的效率和灵活性，同时督促商业银行及时补充担保资本金，及时让市场化核销不良贷款，提高信贷资金投向实体经济的能力。还应完善信贷人员免责政策，鼓励有发展潜力的实体经济企业之间签订债权转股协议。

四是加强股权融资的发展，合理扩大债券市场规模。改善股票市场的股权融资功能，规范中小企业股权转让制度，规范区域股权市场和私募股权投资基金的健康发展。按照相关投资原则，统一企业信用债券的市场准入标准和审计标准，完善企业信用债券发行管理制度，扩大企业债券发行规模，加快债券产品创新，发展股票和债券组合，增加企业直接融资比例。加强市场信息披露力度，规范相关信息披露行为，提高投融资市场的透明度。同时加强企业信用评级体系的建设，积极促进债券市场的不断开放。

五是引导企业利用境外低成本资金，提高本币结算在跨境贸易中的比重。进一步简化程序，合理扩大企业外债发行规模，放宽资金返还和结汇限制。积极推进企业外债发行登记制度改革，全面扩大跨境融资宏观审慎管理试点范围。扩大人民币跨境使用范围，引导商业性银行改善金融服务流程，提高在跨境贸易中企业使用本币结算的比例，降低汇率波动对企业成本的影响。在外债规模合理、风险可控的前提下，鼓励信用良好的企业在境外发行本外币债券。

三、降低制度性交易成本

一是要打破区域分割和行业垄断。从 2018 年起正式实施全国统一的市场准入负面清单制度，加强公平市场的环境建设。完善市场公平竞争政策与规则，加强市场价格的检查，优化市场环境，加强反垄断和反不正当竞争执法的执行力度。组织实施市场公平竞争的评审制度，做到从源头上防止不正当市场竞争行为的产生，同时要求清理地方政府制定的影响市场公平竞争的限制性法规，加快开放垄断性行业的市场化步伐。

二是继续深化"放管服"改革。简政放权，优化服务，提高政府公共服务能力和水平，为企业创造更好的营商环境。减少各类涉及企业的行政审批前置中介服务，取消不符合法律规范的前置中介服务。推进行政审批与监督制度的改革，重点取消或下放生产经营性行政审批，优化相关行政审批流程，合并类似行政审批事项，实行联合审批。应充分利用网上行政审批平台，实行个性化审批监管要求，除法律、法规另有规定外，取消最低注册资本、股东结构、持股比例等限制，简化外商投资企业的设立手续。同时应规范企业的行政检查制度，实行"双随机"的行政审批抽查机制，建立行政审批抽查清单。

三是加快社会信用体系建设。强化企业信用信息的收集、共享、公示和使用，利用国家信用信息共享平台及企业信用信息系统，对不诚实失信的企业行为实行公示并进行联合奖惩，对失信企业在政府管理、公共服务、市场交易、投融资等方面依法实行严格限制和制约措施，对诚信企业在相关上述方面采取优惠便利措施，以此强化企业对自身信用的保护意识。加强企业对自身知识产权保护的认识，加大对知识产权违法行为的打击力度，切实降低企业在知识产权领域的维权成本。

四是提高贸易便利化水平。全面推进国际贸易"单一窗口"制度，促进信息在港口管理有关部门间的交流、互认，降低良好信用企业的商品出口查验率，提高其通关效率，降低其通关成本。建立统一的公共资源交易体系，依法确定收费范围与收费标准，合理降低针对企业的服务性收费。

四、降低企业人工成本

一是降低企业社保缴费比例。我国从 2016 年 5 月 1 日起，全面对企业职工基本养老保险基金缴费比例超过 20% 的省份实行统一的 20% 企业职工基本养老保险基金缴费比例，即单位统一交费比例降至 20%。对于 2015 年底企业职工基本养老保险基金账户结余超过 9 个月可支付月数的省份，可以阶段性将单位缴费比例调整至 19%。将失业保险总费率阶段性降至 1%~1.5%，其中个人缴存费率不超过 0.5%。

二是完善住房公积金缴存制度。自 2016 年 5 月 1 日起的两年内，各省（区、市）要逐步降低住房公积金缴存比例，规定住房公积金缴存比例一律不得超过 12%，原住房公积金缴存比例高于 12% 予以规范调整，统一调整为 12% 的缴存比例。同时还规定，对于生产经营困难的企业，不仅可以申请降低住房公积金的缴存比例，还可以依法申请住房公积金延期缴纳，待企业效益改善后再提高住房公积金的缴存比例或补缴相应的缓交住房公积金。

三是完善劳动力市场调整机制及最低工资标准。要在统筹保障职工最低工资权益的同时考虑企业的发展与承受能力，引导各地实施最低工资标准调整的频率和幅度。同时把农民工纳入当地教育、基本医疗等公共服务体系的保障范围，有序推进城乡户籍制度的改革，降低劳动力市场的自由流动成本，形成有序、竞争、统一、开放的劳动力市场化体系。

五、降低企业用能用地成本

一是加快能源体制的改革。加快对电力、石油、天然气等能源领域进行市场化改革的力度，逐步为企业提供有竞争力的开放价格体系。逐步完善诸如光伏、风电等新能源发电的并网机制。2017年，我国已经基本放开了相关领域和环节的价格管控机制，使能源价格能充分反映市场供求变化，形成充分竞争的市场化价格调整机制，提高我国能源产品的价格弹性。

二是加快电力体制改革。加快实施输配电电价改革试点，切实为企业降低用电成本。积极扩大电力直接交易的参与范围，有序减少发电和消费计划，扩大电力市场交易比重。继续实施煤电价格联动机制，合理调整重要公用事业和公益性服务等不涉及直接竞争性交易的一般工商企业的电价。简化增加、减少、暂停和更改企业用户容量环节，缩短处理时间。

三是合理完善土地供应体系。积极推进企业用地的长期租赁、租售结合等工业用地供应方式，切实降低企业的土地成本。保障物流企业的用地供应，科学合理确定物流企业用地的容积率。对于工业用地使用者可以按照合同的要求，按规定的分期期限缴纳土地出让金，降低企业工业用地使用成本。

六、降低企业物流成本

一是发展新型信息网络化的运输模式，改善物流行业的发展环境。完善现代物流体系标准，加强物流行业标准的实施，使物流企业与制造型企业形成良性共生循环发展模式。大力发展多联式、联盟式、干线运输式和城市配送式发展模式，加快推进全国物流的公共信息平台和交通运输平台建设，促进物流信息跨部门、跨地区、跨国界、跨运输方式的共享互联，提高运输车辆的运输效率。同时完善城市间的物流配送体系，鼓励企业间物流资源和运输能力，优化物流资源与运输能力的配置，提高物流行业的整体运行效率。

二是规范公路的收费管理与监督，确定合法、合理的公路运输收费标准。应科学合理地确定公路收费标准，尽快修订我国《收费公路管理条例》，有序逐步取消政府二级公路收费，加大查处公路救援等服务中的各项乱收费的行为，规范统一车辆超限、超速的处罚标准，杜绝乱罚款、"以罚代管"等行为的发生。同时应规范机场、铁路、港口等的收费标准，整治违规、不合理服务的乱收费行为。禁止强制服务、强制收费，禁止并清理进出港（场）企业的不合理收费和地方政府设置的不合理收费。

第三节　促国际化发展壮体魄

通过国家"一带一路"倡议及供给侧结构性改革措施的实施，有力地提升了我国中小企业在技术、品牌、营销、服务等方面的国际市场竞争力。为此，国家工业和信息化部（以下简称"工信部"）与中国银行联合制定了"促进中小企业国际化发展五年行动计划（2016—2020 年）"，根据五年行动计划推进的总体要求，各地中国银行分支机构和中小企业主管部门必须建立涉及政府、银行、企业的三方合作机制，充分发挥中国银行"中小企业跨境撮合服务平台"的作用，强化政府、银行、企业三方的信息共享和政策协调机制的构建，在创新机制的基础上创新金融支付方式、金融服务方式，促进各地中小企业能够快速融入全球国际化市场。

工信部鼓励各地方政府相关中小企业主管部门和服务机构与境外重点投资贸易领域合作，扩大利益聚焦点，探索更加有效的互赢模式，加强在多领域的合作，为我国中小企业国际化发展创造良好的发展环境。同时，中国银行将利用自身国际化、多元化的优势，积极与其他国家和地区的银行、商会等相关机构建立合作与信息共享机制，为我国中小企业与国际资源的对接提供准确而及时的信息。此外，中国银行还将积极开发相关金融产品支持我国中小企业的国际化发展，提供适合中小企业需求的金融服务产品，并为其提供法律、会计等专业配套服务，帮助中小企业更好地拓展海外市场，为中小企业搭建跨境合作的桥梁。

一、专业化服务平台促共享

搭建涉及政府、银行、企业三方对接的网络服务平台。服务平台主要提供以下三大方面的服务：一是行业信息服务。为中小企业提供国外相关行业的市场动态、市场信息、行业研究报告、政策法规等信息，帮助中小企业对境外投资市场进行专业化的解读，降低投资风险。二是提高银行与中小企业间的信息对接效率。为中小企业提供实现企业融资服务需求的在线应用、即时汇总、分类管理、及时推荐等专业化的在线金融服务。三是中小企业的跨境撮合服务。为有需要的中小企业提供跨境撮合意向及相关信息，在经当地中小企业主管部门和中国银行的分类筛选，对相关企业进行跨境撮合活动。具体筛选办法是根据国家及地区产业发展的战略需求，由各地中小企业主管部门依据地方相关产业升级、技术引进、资产收购和引进的要求，收集当地中小企业投资贸易服务需求，建立跨境开发企业信息数据库，筛选出优质的中小企业。在此基础上，中国银行收集海外市场信息及海外贸易伙伴相关信息，结合各地主管部门提供的优质中小企业名单提供配套对接服务，支持中小企业更加深入的国际合作，推动我国中小企业的国际化发展进程。

二、聚焦重点领域促合作

聚焦重点国家、地区及重点区域，围绕国家"一带一路"倡议、京津冀协同发展、长江经济带、海西经济区、自由贸易区等，在重点国家、地区、区域开展专项的跨境撮合活动。通过专项的跨境撮合活动使我国中小企业能够快速对接国外高新企业、战略性新兴产业、传统优势产业。

与此同时，围绕重点领域的重点产业，应积极发挥各地区举办的小企业合作交流会、研讨会、项目对接会等合作平台的作用与优势，结合中国银行一起共同开展企业跨境对接、金融服务产品推介等活动，对符合"互联网+"行动计划、国际产能合作、高端制造、生物医药、现代农业、节能环保、信息技术、海洋经济、现代服务等重点领域及重点产业，进行跨境专题对接撮合，促进企业广泛开展国际化合作，积极学习国外先进技术，引进国外优质资产。

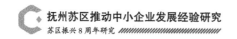

三、创新支持方式促发展

为了进一步促进中小企业开展中外合作，积极引进国外企业的先进技术和先进管理经验，培育外向型中小企业产业集群。中国银行创新相关金融等专项贷款和信用担保等金融产品，支持地方中小企业聚焦形成特色产业集群的发展，具体支持内容包括：

一是鼓励地方政府设立专项资金，开展投贷联动试点。鼓励地方政府设立专项基金与中国银行共同探索设立投贷联动型引导基金、跨境并购基金、风险投资基金等。鼓励地方政府配合中国银行设立专项资金，对中小企业跨境重点发展项目贷款给予贷款贴息优惠，支持和引进国外中小企业技术在国内落地孵化，同时支持国内中小企业开展对境外中小企业的并购、合资、参股等合作，通过并购、合资、参股等方式引进国外先进技术。

二是制定了差别化的信贷政策。利用跨境人民币贷款支持我国中小企业融资，依托自贸区的相关政策优势，探索定向境外借款人民币资金服务，为中小企业境外融资提供便利。同时，针对不同行业、不同投资贸易目的地国家和地区的企业融资服务，开发内外贷、应收账款、知识产权等质押融资产品。

三是健全再担保机制和风险补偿机制。加强政府、银行和担保机构的合作，建立多参与、风险共担的"政府＋银行＋担保＋保险"融资模式，引导中小企业加大产品和服务创新力度，加大对中小企业国际化发展的支持力度。未来落实中小企业信用担保机构金融促进政策，政府、银行和担保机构应加强合作，共同探索中小企业担保贷款保险业务，支持有条件的地方设立信用风险补偿基金，向为中小企业提供国际发展和融资服务的银行、担保、保险等机构提供贷款风险补偿。

第四节　知识产权战略增活力

2009 年，国家知识产权局和工信部联合颁布《关于实施中小企业知识产权战略推进工程的通知》的实施意见。2014 年，国家又对中小企业知识产权战略推进工程的实施情况进行了评估与经验的总结。从评估的整体结果来看，此项工作取得了积极成效，自中小企业知识产权战略推进工程实施以来，全国有 32 个城市的中小企业知识产权创造和创新能力有了显著性的提升，发明专利数量不断增加，专利结构不断优化，创新活力呈现迸发式的发展态势。

"十三五"期间，随着我国"大众创业、万众创新""互联网+""一带一路"等一系列重大举措的实施，为我国中小企业的发展开启了广阔的创新空间，发挥知识产权激励的作用可以更进一步为中小企业的创新提供保障，激发中小企业的创新活力。按照党的十八大和党的十八届三中、四中、五中全会关于加强知识产权管理及健全技术创新激励机制的目标要求，要以全面组织实施促进工程为出发点，以应用、保护和管理能力为中小企业知识产业建设的核心。通过政策引导和强化服务等形式，提高中小企业知识产权的收益，培育一批具有知识产权优势和市场竞争力的中小企业，促进大众创业、万众创新的深化发展，为中国经济发展的转型升级奠定坚实的基础。因此，为深入贯彻《国务院关于新形势下加快知识产权强国建设的若干意见（国发〔2015〕71号）》《国务院关于扶持小型微型企业健康发展的意见（国发〔2014〕52号）》的有关精神，落实国家实施知识产权战略及创新发展战略的重要部署，提升我国中小企业对自主知识产权的管理能力。

根据国家总体战略规划要求，到 2020 年末，全国各省市中小企业知识产权战略将全面实施。全面提高我国中小企业知识产业创造、使用、保护和管理能力，这将对中小企业的产业结构调整与转型升级带来积极的影响，为我国产业的培育和发展提供有力支持。

一、专利导航机制支撑中小企业的创新发展

一是引导专利导航产业发展工作机制的建立。应充分认识并发挥专利资源信息在产业发展决策中的引导作用，利用平台化优势探索建立专利导航研究推广中心，定期向中小企业推送高质量的工业知识产权信息，有序引导专利导航项目的实施。同时，建立知识产权的预警机制，强化区域、行业、企业范围内的预警信息收集与发布，引导中小企业注重自身知识产权的保护。二是推动专利导航企业发展工作机制的建设。鼓励和支持中小企业实施企业经营专利导航项目，发挥知识产权在规范行业竞争市场中的作用，增强中小企业应对竞争的主动性。

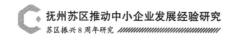

二、激发中小企业知识产权创造活力

各地应构建激励机制，大力促进高价值专利的培育。一是引导中小企业构建基于知识产权激励的收入分配制度，鼓励其加大对知识产权的投入。二是有序推进产学研项目的合作。引导高校、科研机构和中小企业广泛开展深入的合作，构建知识产权的研发机制。三是优化知识产权评估体系。将中小企业知识产权申请登记数量和质量、增长速度和实施情况纳入相关指导政策的评价指标体系，并将其作为对科技人员和相关管理人员绩效考核的重要标准。

三、提升中小企业知识产权运营能力

一是提升中小企业知识产权转移转化能力。建立专业化知识产权服务模块，发挥国家知识产权平台运营体系的积极作用，提升中小企业知识产权转移转化能力。鼓励社会资本参与中小企业知识产权转移转化的过程，鼓励参与中小企业知识产权转移储备、转移转化风险补偿等活动。鼓励国有企事业单位向中小企业转让闲置知识产权专利，引导国有企事业单位参与并支持中小企业知识产权转让与转化活动。

二是完善中小企业知识产权运营的融资渠道。鼓励商业银行、保险公司、担保公司等金融机构参与到中心企业的知识产权质押融资活动中，共同推动涉及中小企业的知识产权融资渠道的完善。鼓励各类金融机构积极开发和创新涉及中小企业的知识产权金融服务，为中小企业提供涉及知识产权的证券化、专利保险等多种类型的新型金融服务产品。引导设立重点行业知识产权基金、政府相关知识产权投资基金、天使基金、风险投资基金等，鼓励其参与到中小企业知识产权经营活动中，拓展中小企业知识产权融资渠道。

四、加强中小企业知识产权保护力度

一是完善涉及中小企业知识产权的维权机制。结合现有各类资源，在现有工作机制的基础上完善中小企业知识产权保护与援助机制。引导中小企业利用知识产权手段构建保护网络，提高自身在知识产权方面的保护能力。有序推进知识产权快速维权援助中心和知识产权保护中心的建设，围绕重点产业、重点领域，探索国家、省、市三级联动的知识产权保护与援助机制。

二是加强涉及知识产权违法的执法力度。通畅中小企业涉及知识产权侵权行为的举报渠道，鼓励知识产权相关权利人和社会各界对涉及知识产权侵权行为的举报行为，并有针对性地开展涉及知识产权侵权行为的专项检查行动，加强对涉及中小企业知识产权违法行为的执法力度。建立相应层级涉及知识产权侵权行为的快速调解机制，同时持续推进涉及知识产权的社会信用体系建设，强化中小企业知识产权管理过程中的全过程监管。

五、提升中小企业知识产权管理水平

一是优化中小企业知识产权管理体系。积极引导有条件的中小企业建设知识产权管理机构，加强企业内部的知识产权管理体系和人才队伍建设，推动中小企业把知识产权管理贯穿于研发、生产、经营。在企业管理的全过程中建立卓有成效的知识产权管理体系。同时，鼓励中小企业按照国家颁布的《企业知识产权管理规范》的标准执行企业对自身知识产权的管理，对通过国家知识产权管理体系认证的中小企业政府应给予合理的补助和奖励。

二是强化中小企业对自身知识产权资产管理。国家将研究制定中小企业知识产权评估价值指导意见，完善涉及知识产权内容的评估方式与方法，并积极引导中小企业核心知识产权管理台账，建立分级知识产权的管理制度。积极引导并帮助中小企业科学核算知识产权资产，保护中小企业在并购、股权转让、对外投资等活动中的利益，加强中小企业对知识产权资产的保护与管理意识。同时，探索建立在政府指导下的知识产权服务机构，健全并构筑由中小企业参与的知识产权监管体系，为中小企业提供诸如知识产权委托管理等服务，实现专业化管理，提高中小企业的知识产权管理水平。

六、开展中小企业知识产权跨境合作

支持中小企业采用"走出去"发展战略。大力推动中小企业和相关研究机构及高等院校的合作，联合开展海外专利的分销活动。加强国际合作中涉及知识产权的相关工作，加强国内外企业及相关科研机构的技术合作，同时加强技术进出口中对涉及知识产权内容的管理工作。加强对外国知识产权的风险防范，积极开展专利审查及援助，制定境外专利布局的实用指南，引导我国中小企业获得境外专利权。加强海外相关知识产权法律的研究工作。鼓励我国中小

企业加强海外知识产权的保护，加强对中小企业在面临海外知识产权诉讼过程中的指导及保护，鼓励中小企业积极开展国际间涉及知识产权的研讨活动。

七、优化中小企业知识产权公共服务

一是完善我国中小企业知识产权的公共服务体系。支持各省市利用国家知识产权运营公共服务平台体系，集聚现有自身服务资源，构建综合性的中小企业知识产权公共服务平台。同时鼓励在众创空间等创业服务平台上建立中小企业知识产权服务的相关服务性模块，实行知识产权管理专员制，为中小企业提供专业化的知识产权相关服务。

二是引导并发挥各行业组织在知识产权服务方面的专业优势与作用。引入竞争机制，探索各行业组织提供知识产权服务的有效模式，激发各行业组织为中小企业知识产权服务的热情。倡导专利代理人为中小企业知识产权提供公共服务。适当降低中小企业入会门槛，鼓励知识产权行业协会积极吸纳中小企业入会，为中小企业减免相关入会费用，吸引中小企业积极加入知识产权行业协会。引导建设产业知识产权联盟，合理为中小企业知识产权配置投资权、使用权和收益权，促进研发机构和中小企业知识产权分配的相关利益和风险共担机制的建立。

第五节 打造中小企业特色载体促升级

为深入贯彻落实党中央、国务院关于推动创新创业高质量发展的决策部署，更好地指导各地打造专业资本集聚型和大中小企业融通型创新创业特色载体，国家颁布了《关于支持打造特色载体推动中小企业创新创业升级工作的通知》(以下简称《通知》)。《通知》中明确指出，创客空间、企业孵化器、小微企业创业创新基地是支持小微企业成长与创新创业的重要载体。因此，根据《通知》要求，中央财政将通过中小企业设立专项资金，安排100亿元支持引导200个国家级、省级开发区打造不同类型的创新创业特色载体。采取奖补结合的方式，根据确定的开发区数量，按每个开发区奖补金额不超过0.5亿元的标准，分三年予以安排。其中，第一年统一补助 0.25 亿元；第二年根据工作实施成效予以补助，最高补助 0.15 亿元；第三年根据最终绩效进行奖励，最高奖励 0.1 亿元。《通知》旨在通过支持一批实体经济开发区，引导开发区打造专业资本集聚型、大中小企业融通型、科技资源支撑型、高端人才引领型等不同类型的创新创业特色载体，推动各类载体向市场化、专业化、精准化发展；充分利用大数据、云计算、人工智能等"互联网+"方式，提高创新创业服务和资源融通的质量与效率；促进中小企业特别是小微企业提升专业化能力和水平，引导中小企业在关键领域核心技术有所突破，在细分行业领域成长壮大为专精特新小巨人。

《通知》对中央财政重点支持发展四种类型的创新创业特色载体，包括专业资本集聚型，即创业投资、产业投资资本主导的特色载体；大中小企业融通型，即行业龙头企业主导的特色载体；科技资源支撑型，即高校、科研院所主导的特色载体；高端人才引领型，即以聚集高端人才为核心要素的特色载体。国家通过支持优质实体经济开发区打造不同类型的创新创业特色载体，着力提升各类载体市场化专业化服务水平，提高创新创业资源融通效率与质量，促进中小企业专业化高质量发展，推动地方构建各具特色的区域创新创业生态环境。

一是支持引导专业资本集聚型特色载体发挥专业资本在投融资服务、资本运作、价值管理等方面的优势，加快形成"投资＋孵化"的市场化持续运营机制。

二是鼓励开发区发展行业龙头企业主导的大中小企业融通型特色载体，支持引导载体发挥行业龙头企业在资本、品牌和产供销体系等方面的优势，促使大中小企业在设计研发、生产制造等方面的深度融合，加快形成"龙头企业＋孵化"的共生共赢局面。

三是鼓励开发区发展高校、科研院所主导的科技资源支撑型特色载体，支持引导载体发挥高校、科研院所的科技创新资源优势，利用财税激励政策，吸引更多的科技人才创办企业；对接更多的专业实验室、技术研发中心等开放共享科技资源，加快形成"科技＋孵化"的产学研用协同发展机制。

四是对于高端人才引领型特色载体，发挥人才引进政策的作用，集聚国际顶尖人才、高技能人才、大企业高管、优秀青年人才等知识型、技能型、创新型人才创办企业，将"个体居住"转为"聚集创业"，加快形成"人才＋孵化"的智力转化机制。

此外,《通知》还提出绩效评价指标,主要包括产业集聚度、资源聚集力、持续发展力、产出与效益、改革创新力以及辐射带动力六个方面,评价结果与中央财政奖励资金安排挂钩。

第四章

抚州苏区促进中小企业发展措施

第一节　持续优化本地营商环境

当前，全球经济下行压力巨大，我国的民营企业尤其是中小民营企业的发展面临着巨大挑战。营商环境是一个地区核心竞争力的基础，要解决我国民营经济的发展问题，优化民营经济发展环境，是实现我国民营经济稳定增长的基础，是促进我国经济高质量跨越式发展的核心动力。因此，在这种发展形势下，更需要加强措施，创造良好的营商环境，解决中小民营企业的发展困难。

为此，近年来，抚州苏区出台了一系列扶持民营经济发展的政策措施，继续深化"放管服"改革，大力实施"降低成本、优化环境"专项行动，使民营企业迎来了发展的春天。具体包括以下五个方面：

一、优化抚州本地中小企业融资环境

一是落实银行规定抽贷报告制度。对单笔100万元以上的抽贷，由银行机构和被抽贷企业分别直接向本级金融办或政府办报告，经批准后方可实施抽贷。对简单不恰当地压贷、抽贷、断贷的银行机构政府将定期予以通报，并由市、县（区）政府采取相应措施对相关银行的抽贷行为进行惩罚性约束。

二是规范银行等金融机构的收费项目及行为。严格按照政策执行"两禁两限"要求，即对中小微企业的贷款不收取任何形式的承诺费和资金管理费，严格限制并禁止对小微企业及其增信机构收取任何形式的诸如咨询费、财务顾问费等相关费用。

三是缩短银行机构贷款审批时间。在同级授权范围内，原则上7个工作日内答复民营企业和中小微企业流动资金贷款的申请；对符合贷款条件的民营企业和中小微企业贷款，从企业申请到实际发放贷款，原则限制在15个工作日

内完成。对符合贷款条件的民营企业和中小微企业固定资产贷款,从企业申请贷款到实际发放贷款时间要求限制在 60 个工作日内完成。

四是建立健全融资担保体系。成立了注册资本 9.5 亿元的政策性国有担保集团,以抚州金控融资担保集团有限公司为主体,为中小微企业提供融资服务。同时,做大做强民间融资担保公司的规范与建设工作,通过政策扶持推动民间担保公司的快速发展,为本地中小微企业提供更好的金融融资担保服务平台。

五是全面推进"科贷通"服务。抚州市政府充分发挥"科贷通"项目的财政资金引导作用,鼓励银行等金融机构对中小型科技型企业提供信贷扶持,提供的可用贷款余额总规模应达到科贷补偿金额 8~10 倍,用以支持抚州市中小微型科技型企业的技术创新和中小微企业的转型升级。

六是推广"江西小微客户融资需求服务平台"的使用。按照"有求必应、合规授信、应贷尽贷、全程留痕"的相关要求,抚州市进一步加强"江西小微客户融资需求服务平台"的推广和应用,引导中小微企业和民营企业在"江西小微客户融资需求服务平台"注册,帮助其在线申请贷款,督促银行业机构优先安排中小微企业额度,对上述通过"江西小微客户融资需求服务平台"申请贷款的中小微企业要予以高效审批和发放。截至 2019 年底,"江西小微客户融资需求服务平台"注册的小微企业和民营企业占贷款企业总数的 80%,网上贷款申请满意率达到 85%,有效解决了如贷款难、贷款贵、效率低等问题,得到了中小微企业的一致好评。

二、有效降低抚州本地中小企业的生产经营成本

一是确保减税政策的落地实施。按照国家深化增值税改革的相关政策要求,加大生产生活服务业减税力度,确保各行业税负只减不增。同时,兼顾普惠性减税和结构性减税,为制造业和中小微企业税赋减轻负担,推进税率三档并两档,向税制简化的方向迈进。

二是减轻中小微企业缴纳社会保险的负担。抚州市将自 2019 年 5 月 1 日起,按照江西省城镇全覆盖单位职工上年度平均工资水平,确定企业职工养老保险缴费基数,单位城镇企业职工基本养老保险缴费比例由 20% 降至 16%,切实为企业减负。

三是降低企业用能、用电成本。扩大抚州地区企业用户与电厂直接交易和市场化交易的范围规模,全面落实降低一般工商业电价的政策要求,及时释放

电力企业体制改革的红利，切实保证企业用能、用电成本得到降低。

四是有效降低企业物流成本。加大政策支持力度，支持鼓励抚州市企业开辟铁海联运物流新通道，抚州市财政给予承运企业 400 元 / TEU、进出口企业 200 元 / TEU、集装箱场站运营企业 200 元 / TEU 的补贴扶持，对抚州市开行铁海联运专列集装箱运输的进出口企业给予 1 万元 / 列的专列扶持。同时，积极推进抚州市至福州、厦门、宁波等地的铁海联运常态化运行。

三、落实缓解本地中小企业的用工难问题

一是支持企业招工。抚州市规定企业新录用的员工并与企业签订一年以上劳动合同的，且满足在同一企业稳定就业 6 个月以上的，应给予企业 500 元 / 人的就业补贴。同时，根据抚州市相关政策要求，由人力资源服务机构为企业输送非企业人员 10 人以上，且稳定在同一企业工作满两年的，市财政将给予 1000 元 / 人的就业补贴；在同一企业稳定工作满 6 个月但不满 2 年的，按实际输送人数给予 500 元 / 人的就业补贴。

二是推进校企合作。按照抚州市相关人才政策要求，高校毕业生到抚州企业就业实习的，对符合条件的，每月按当地最低工资标准的 70% 发放就业生实习补贴。补贴期限为 3~6 个月，最长 12 个月。同时，各高校向抚州园区企业推荐毕业生并与园区企业签订一年以上劳动合同，在同一企业稳定就业 6 个月以上的，给予 800 元 / 人的就业服务补贴。

三是稳定困难企业用工。对连续 3 个月以上不能支付职工最低工资标准或者连续 3 个月以上不能正常经营，且只能支付职工生活费的企业，经批准后，企业可以按规定暂缓缴纳社会保险费，且暂缓缴纳期间不计收滞纳金。

四是加强人才引进和支持保障。鼓励园区企业和人力资源服务机构招收人才、引进人才。按照《抚州市高层次人才引进实施办法》中的相关规定，对成功引进的签订三年服务年限合同的三类人才，在引进人才到岗工作一年以后，由受益财政对相关企业或人力资源服务机构按第一类、第二类、第三类人才分别给予一次性 30000 元、10000 元和 5000 元奖励。

四、推动抚州本地中小企业进行技术改造与升级

一是鼓励企业技术改造。抚州市将纳入统计的技术改造项目建成投产后，

按新设备购置金额 500 万元以上部分的 6% 给予企业技术改造设备购置补贴，单个企业补贴总额不超过 300 万元，所需补贴资金由受益财政承担。

二是鼓励企业间相互合作。对抚州地区企业依法采购本市企业开发生产的核心设备、零部件、相关产品的，按采购总额的 1% 给予采购方企业财政采购奖励，单个企业奖励不超过 100 万元。

三是支持企业智能化转型。抚州市设立企业智能改造一体化发展基金，由抚州市财政每年安排专项资金，资金总额不低于 1000 万元，支持本地企业智能化转型升级改造。县（区）将设立不少于 500 万元的专项资金，支持本地企业智能化转型升级改造。

四是支持企业自主创新与发展。按照抚州市的相关政策扶持要求，对首次被认定为江西省独角兽企业、潜在独角兽企业、种子独角兽企业，财政部门将给予一定奖励。对企业被批准成为国家级企业技术中心、国家级重点实验室、国家级技术创新中心、国家级地方联合工程研究中心的，抚州市给予一次性奖励 100 万元。对企业被批准成为省级工程（技术）研究中心、省级企业技术中心、省级重点实验室，地方财政一次性给予 20 万元奖励。

五、提升行政服务效率

一是实行"一门式""一窗式"改革。科学合理建设实体政务服务大厅，除交警部门外，其他政务服务全部进驻新的政务服务大厅，为中小微企业提供"一门式"政务服务。推进"一窗式"改革，到 2020 年底，抚州市级验收合格率达到 100% 以上，县（区）验收合格率达到 90% 以上。

二是深化"一站式"改革。抚州市继续推进"一次不跑""只跑一次"政务服务，整理并发布"一次不跑""只跑一次"的服务清单。同时，抚州市还在加快"赣服通"平台办事机构的建设，截至 2019 年底，已经实现 50 多个市级、20 多个县（区）地方事务的"掌上办理"。便利企业注销，简化企业登记手续和材料。对涉及企业与营业执照有关的事项，实行"证照分离"改革，全市企业登记开业时间缩短至 3 个工作日。

三是提高税收服务水平。抚州市大力推进市电子税务局平台建设，已经逐步实现网上办理企业的各大涉税服务的项目。同时，大力推进税收的便利化服务改革，为纳税人及企业提供税收的相关联服务。拓展抚州市办税服务的相关服务渠道，不仅将办税服务大厅整体纳入政务服务大厅中，方便了涉企行政审批事务的一站式办理，而且通过推广网上办税方式提高了综合办税效率。

四是优化企业用水、用电报装环节。抚州市全面推进中小微企业的"三零"服务，即中小微企业用电的"零上门、零审批、零收费"服务，将用电环节减少到 3 个工作日以内。全面实施大中型企业"三省"服务，即 10 千伏及以上的中大型用电企业的"省力、省时、省钱"服务，减少供电环节至 4 个工作日以内。按照抚州市相关政务服务要求，抚州市企业用水相关报装申请到最终企业验收等服务总时间不超过 12 个工作日，大大提高了服务效率。

五是落实企业产权登记优惠政策。抚州市支持和鼓励中小企业建设标准化厂房。企业建设或购买标准化厂房，可以按照抚州市相关规定以幢、层、套、间等形式办理不动产登记证。同时，规范不动产登记收费行为，严格执行国家有关登记收费政策，禁止一切"搭车"收费项目。缩减不动产一般登记和抵押登记时间，缩短后的时间分别为 5 个工作日和 2 个工作日。

六是加快建设项目审批制度改革。抚州市积极探索"四个联合"的集成式审批模式，即大力推行联合图审、联合测绘、联合踏勘、联合验收等集成式一体化行政审批改革。按照抚州市相关行政服务要求，取消各类保证金、押金、证明等"搭车"事项；开展容缺后补、告知承诺审批改革；建设项目施工许可证等五项平行审批时限缩减为 7 个工作日。

第二节　大力推进"大众创业、万众创新"战略

抚州苏区为充分把握抚州五个国家级战略和一个省级战略的历史机遇，主动适应时代新要求，以实施创新驱动发展战略、创业驱动就业发展战略为统领，构建创新与创业、线下与线上、投资与孵化相结合的创新生态系统，以激发创新活力为目标，带动创业活动，动员和凝聚政府、市场、社会力量，加快推进创业创新体系构建和面向公众及城乡的众创空间建设，弘扬创新文化，整合创业资源，形成了群众性创新产业和群众性创新生产的生动局面，催生社会经济发展新动力，实现抚州经济社会的跨越式发展。

计划目标到 2020 年末，抚州全市创业创新载体不断完善，创业孵化基地建设初具规模，全市各类孵化基地建筑总面积达到 50 万平方米，新增国家级

孵化基地 2 个，省级孵化基地 10 个，发展众创空间 10 个；创业创新主体不断增加，培养和引进一批创业创新人才，培育和发展一批科技创新型企业，小微企业数量增长 50%，创业人数增长 30%，特色产业集群增加 10 个，高新技术企业增加 100 户；创业创新环境不断优化，政府职能进一步转变，创业门槛大幅降低，市场公平性的凸显，创业融资速度的加快，企业创新创业服务平台的完善。具体措施包括以下五大方面。

一、降低中小企业创新创业门槛

一是加大简政放权力度。抚州市放宽对新注册企业的条件限制，规定凡是除法律另有规定和国务院决定保留的工商登记前置审批事项外，其他事项一律不作为企业工商行政登记的前置审批条件。实行企业的"三证合一"制度，即工商营业执照、组织机构代码证、税务登记证的三证合一，实施企业的"一证一码""一照一码"制度，推进"一址多照""集群注册"等住所登记改革。同时，为了简化企业办事流程，加快行政审批办事效率，实施企业的注册资本登记制度改革，利用互联网的相关优势实行企业名称网上远程核准登记制度，推进基于电子政务的企业注册登记制度。

二是维护公平市场秩序。进一步转变政府职能，逐步清理和废除阻碍创业发展的制度法规，增加公共产品和服务供给，消除不利于创业创新的不正当竞争。加强对企业知识产权保护和信用环境建设，加强对中小企业创新发明的产权保护力度，完善涉及中小企业知识产权纠纷过程中的保护与援助机制，构建企业的信用体系，将违法信息纳入企业的社会信用记录，加大企业信用违约成本。同时，建立征信系统，依托企业信用信息公示制度，增强企业信用信息的透明度，将企业信用与市场准入和优惠政策挂钩，营造公平、公正的竞争环境。

三是减免行政事业性收费。制定行政事业性收费目录，进一步规范收费行为，未纳入目录的一律不准收费。对初创企业可按照要求免收登记、许可、管理等多项行政费用。事业单位服务费和行政审批、强制评估、检测、论证等各类专业服务费，按物价主管部门核定标准的 50% 以下收取开办费，建立创业负担举报反馈机制。

二、激发中小企业创业创新主体活力

一是支持科技人员创业。建立科研人员双向流动机制，研究专业技术人员的在职创业、离岗创业的相关政策措施。在职专业科技人员在完成本职工作的基础上，经批准可从事兼职的相关技术活动，支持高校科研院所高级研究人员带队参与企业协同创新，并给予生活补助。三年内留原编制和职称，享受与原单位其他在职科技人员同等待遇，参加职称评定和聘任。三年内需返回原单位的，按原职级待遇安排工作。

二是允许国有企事业单位专业技术职工的停职创业。经原国有单位同意，员工可以停职创办企业。按照相关规定，国有企事业单位的专业技术员工三年内不再领导所创办企业的，可以回到原单位继续工作；三年期满后愿意继续带领所创办企业的，按照原单位相关规定办理离职手续。

三是鼓励大学生等青年群体创业。通过各类引领计划，每年扶持100名优秀大学生的创业活动。支持符合条件的大学生创业项目，对符合条件的创业大学生给予一次性创业补助5000元。同时，抚州市还建立健全相关学校管理制度，支持大学生保留学籍创业，支持大学生到孵化基地、创客空间等创业基地创业。对已办理就业创业登记并参加社会保险的自主创业的大学生，抚州市还将给予一定的社会保险补贴。

四是支持抚州籍人才返乡创业。抚州市鼓励在外专业技术人才返乡创业，加大对返乡人才的创业扶持力度。对返乡创业的农民工实施税收减免和普惠政策。同时，建设农民工返乡创业园，支持农民工返乡网上形式的创业，加强金融服务的支持力度。探索完善返乡创业者社会保障制度，降低创业风险。

五是吸引高端人才创业，培育创新型企业家。实施高端外国专家项目，引进海外产业发展领导型人才来抚州创业，简化高端人才来抚州开办企业的审批申报流程，探索事后备案审批形式。突破现有政策在人才流动、成果处置、收益分配等方面的束缚，完善针对高层次人才的社会服务机制，落实引进人才的诸如医疗保障、配偶就业、子女入学等社会保障机制。鼓励社会资本投资诸如智慧农业、绿色农业、高效农业和有机农业项目，支持科技人员和大学生在农村建立家庭农场和农民合作社，推进个体工商户转企改制工作的实施。

六是鼓励电子商务类创业。抚州市建设了一批电子商务产业园区，加强对电子商务人才引进和培养力度，发展具有抚州特色的电商经济。加强现代物流服务平台建设，促进电商产业的高速发展。同时，落实电子商务从业人员的相

关支持政策。

三、加大中小企业创业创新支持力度

一是加大财政支持力度，发挥政府采购支持作用。抚州市本级设立就业创业专项基金，每年安排 1000 万元，重点支持创业孵化基地、众创空间、创业示范园（街）建设和运行。各县（区）应参照市本级做法，每年安排一定额度就业创业专项资金，扶持创业创新，减轻创业者负担。同时，实施促进创业创新的政府采购政策，并要求不得设置政策采购准入条件。加大政府对创新产品和服务的采购力度，增强政策对小微企业发展的支持效果，把政府采购与支持创业发展紧密结合起来。

二是实行税收优惠政策。落实国家各项税收优惠政策，支持中小微企业发展。抚州市对符合条件的创业投资企业采取股权投资方式投资未上市的中小高新技术企业两年以上的，可按其投资额的 70% 在股权持有满两年的当年抵扣该创业投资企业的应纳税所得额，当年不足抵扣的，在以后纳税年度结转抵扣。同时，抚州市对于企业为了开发新技术、新产品、新工艺所发生的用于研发的各项费用支出，如若尚未形成无形资产并计入当期损益的，在按规定扣除的基础上，可按 50% 的比例加计扣除研发相关费用支出；对于已经形成无形资产的，可按照无形资产成本的 150% 进行相关研发成本费用的摊销。

三是创新融资模式，完善融资政策。抚州市按照"政府引导、市场化运作、专业化管理"的原则，统筹安排中小企业发展专项资金和战略性新兴产业投资引导资金，充分利用产业发展引导资金，推动风险投资、创业投资、天使投资等投资创新型中小企业发展，加大对创业型中小企业的支持力度。加强财政资金杠杆作用，运用"财园信贷通""财政惠农信贷通"等融资模式，加强对创业创新型中小企业和新型农业经营者进行信贷扶持。

四是加大对创业担保贷款支持力度。抚州市将个人创业担保贷款的最高额度调整为 10 万元；对符合二次扶持条件的创业个人，最高创业担保额度可调整提升为 30 万元；对合伙经营、组织创业的个人其最高贷款额度调整为 50 万元；对劳动密集型中小企业（就业促进基地）等最高贷款限额提高至 400 万元。

四、加强中小企业创新创业载体建设

一是加快创业孵化基地的建设。完善现有创业孵化基地的功能，完善配套设施建设，加强孵化基地运行管理，落实相关扶持政策，充分发挥其推动创业带动就业的作用。抚州市规划建设的大学生创业园，为市内大学生、返乡大学生和引进高层次人才搭建创业平台。同时，鼓励并引导民营资本参与创业孵化基地的建设，对达到省级以上示范性基地建设标准，被认定为省级的示范性基地的，除上级奖励外再给予一次性奖励 20 万元，被认定为国家级示范性基地的，除上级奖励外再给予一次性奖励 50 万元。对获得市级创业孵化基地认定、稳定运营 1 年以上的给予 10 万元经费补助。对进入创业孵化基地的创业项目，物管费、卫生费、房租费、水电费三年内，按总发生额度的 60% 予以补贴。

二是推进众创空间建设。鼓励充分利用旧厂房、旧办公楼、闲置楼宇等改造成为众创空间。鼓励各高校提供不少于 100 平方米的场所，打造"创新工场""创业咖啡""创新创业实验室"等多种形式的众创空间。抚州市政府对众创空间的相关公共费用给予适当补贴，鼓励众创空间为小微企业创业者提供免费的宽带接入服务。不仅如此，抚州市还在盘活现有各类资源，整合人才、技术、资本、市场等多种要素，建设一批低成本、便捷、开放的众创空间，提供一体化的创业服务。

三是创新服务模式，整合创新资源。积极推广众包、云设计等创业创新模式，加快发展"互联网+"创业网络体系构建。推动企业管理、财务咨询、人力管理、法律咨询、物流服务等第三方服务机构的建设，支持社会资金购买大型科学仪器设备，为创业者或企业提供服务。鼓励相关科研机构等向创业者或中小微企业开放共享科技资源及相关科技设备，降低创业者科技资源的使用成本。

四是鼓励科技成果转化。下放科技成果相关的使用权、处置权和收益权。对不涉及国防、国家安全、国家利益和重大社会公共利益的科技成果，使用权、处置权等，全部都下放给有条件的项目承担单位。对企业在专利申请费用减缓、专利资助方面给予倾斜。同时，推进知识产权（专利）孵化平台建设，推进网上成果对接常态化，建设科技成果转化的数据库。

五、加强中小企业创新创业服务

一是加强创业培训指导。抚州市鼓励高校、职业学校、技工学校开设相关创新创业课程。对具备一定创业条件且有创业意愿的各类抚州城乡人员，可按规定申请不低于 1000 元／人的创业培训补贴。同时，对入选的具有发展潜力和带头示范作用的中小创业企业的实际经营者，给予每人 1 万元的创业资金扶持，参加创业深造所需经费由就业基金统筹安排支持。

二是完善创业公共服务。抚州市将强化创新创业专业服务公共平台的建设，实现各创业服务平台中相关服务资源及服务产品的共享，推动各创业公共服务平台的互联互通。同时，抚州市还将加大对"创业咨询一点通"网上公共服务平台的建设投入，对其网上服务功能进行升级，构建网上远程企业会诊系统；依托抚州市行政服务中心，集中办理中小创业企业的各项行政服务事项，为中小企业的创业者提供"一站式"创业服务。

三是营造创业创新氛围。加大宣传力度，提供咨询服务，汇编扶持指南、创业引领等小册子，强化政策解读，确保政策落地。树立创新创业典型，强化宣传，培育创新创业文化。对获得国家和省、市有关部门、单位联合组织的创业大赛奖项并在抚州登记注册经营的创业项目，给予一定的奖励，其中对获得国家级创业大赛奖的，每个项目给予 10 万 ~20 万元奖励；对获得省级创业大赛奖的前三名项目，每个项目给予 5 万 ~10 万元奖励；对获得市级大赛奖前三名的项目，每个项目给予 3 万 ~5 万元奖励。对获得创业大赛奖的优秀创业项目，抚州市还将给予创业企业在贷款担保等方面的重点支持。

第三节　创新服务构建绿色金融体系促发展

抚州市始终以"创新、协调、绿色、开放、共享"发展理念为向导，积极构建绿色金融体系，优化金融资源配置，以加快绿色金融发展来推进抚州市的生态文明建设和经济社会可持续发展水平。抚州市将全面围绕"科学发展、绿色崛起，全面建成小康新抚州"的总体要求和"创新引领、绿色崛起、担当实干、兴赣富民"工作方针。坚持改革创新，突出金融服务实体经济，通过创新发展绿色信贷、绿色投资、绿色保险等绿色金融产品体系和服务体系、政策配套体系、设施配套体系等多元化的支持，构建较为完备的绿色金融体系，在提高金融业绿色发展水平的同时，有效推动了抚州苏区生态文明建设和经济社会协调可持续发展，促进中小企业繁荣发展。

通过金融、财政、产业、环保等政策和相关法规的支持，构建以绿色信贷为主体、绿色发展基金、绿色债券、绿色保险等多种金融服务形式互补的中小企业绿色金融服务体系，积极引导社会资本投资绿色产业和绿色消费，坚持"三个不低于"的目标，推进节能减排、环境保护、绿色消费、污染治理、低碳经济协调发展。抚州市计划到2020年底，全市绿色信贷余额460亿元，绿色信贷余额占全部信贷余额的20%以上。绿色信贷专营机构和绿色（科技）金融产品的项目数量大幅增加。绿色债券、绿色股权融资、绿色PPP项目实现零的突破且规模不断扩大，市级生态环保产业基金落地，参保环境污染责任保险企业达到200家，绿色保险资金利用30亿元以上。将重点支持以下几个方面：一是重点支持区域生态保护和空间格局优化。围绕抚河生态廊道建设、城市公园绿化、湿地公园建设、抚河流域生态修复、保护及综合治理，廖坊灌区水环境保护和美丽乡村振兴等，使区域生态国土空间开发得到优化。二是重点支持抚州市主导传统产业的转型升级。围绕壮大电子信息、生物医药、机电汽车、食品加工、建筑建材和有色金属深加工六大主导产业的"百亿企业"培育工程、"千百十个"智能制造工程等重点项目加大信贷资金的投入，让有限的信贷资源从"散乱污"中逐步退出，推进全市主导产业转型升级。三是重点支持园区企业创新驱动发展。以创新引领、绿色低碳为要务，大力支持园区企业在电子信息、生物医药、新能源、精加工等领域突破一批绿色制造、末端治理、能量系统优化等核心技术瓶颈，抢占产业发展制高点。四是重点支持绿色、生态循环农业发展。积极支持绿色农林业发展，现代农业示范区项目的推动，加大对具有"三品一标"以及绿色安全认证的农产品种植与生产的信贷支持力度。加快农业生产要素市场体系建设，盘活农村"二权"，使农业生产实现提质增效和绿色发展。大力发展农村电子商务，进一步优化农村农业资源配置。五是重点支持创新型城市建设。推动绿色生态示范城区建设，海绵城市建设，APEC低碳示范城镇建设，让生态涵养与经济发展并重，城市生态环境优化，发展动能转换。具体措施包括：

一、推进绿色信贷的发展

一是完善绿色信贷银行组织体系。抚州市鼓励银行的各分行根据各总行的战略定位，为中小企业绿色信贷提供专业的金融服务，有条件的鼓励设立专业的绿色金融业务部和专门的绿色金融支行。鼓励各法人银行业机构按照"赤道原则"制定和完善相应的绿色金融发展战略,加快银行相关业务向"绿色"转型。

二是完善绿色信贷管理体系。抚州市要求各银行机构应该根据自身特点及战略定位和绿色信贷特点,加强对调查、审核、审批、贷后等信贷环节的管理,完善绿色信贷管理体系。各银行机构应在信贷方面对绿色金融给予大力支持,建立符合国家产业政策和行业标准的绿色信贷管理机制,建立绿色信贷持续有效发展的激励约束机制,建立适合绿色项目信贷特点的高效审批机制,同时为了提高员工绿色理念和专业水平还应建立专门针对从业人员的培训机制。

三是建立绿色金融保障机制。抚州市鼓励社会各界积极地参与到绿色产业的投资,加大融资性担保机构对绿色产业项目的融资支持力度。同时,鼓励为科技型中小企业提供贷款担保的担保机构实施担保审批程序的简化、化简担保措施。设立引导专业化的科技担保公司和相关再担保机构,完善科技型企业融资担保程序。此外,鼓励与具有省级政府背景的担保公司和反担保公司合作,增加绿色信贷。

四是加大科技型中小企业的金融服务力度。鼓励银行机构开发与科技型企业特质相容的信贷产品,如推进知识产权、设备等的抵质押类信贷业务及服务,扩大对科技企业的信贷供给。支持符合条件的银行机构开办"科贷通"等金融产品,为科技企业拓宽融资渠道。

五是构建绿色信贷监管体系。抚州市将完善绿色信贷统计制度,加强对其实施情况的监测管理,并将其纳入银行机构的监管评级和MPA评估中,强化对其进行"窗口指导"。在"二管理、二综合"的实施要求中,探索建立绿色银行评价机制,构建评价指标、强调对组织流程的管理,通过绿色银行评价引导各银行机构积极开展绿色信贷业务。

二、推进绿色投资的发展

一是支持绿色科技型企业上市融资。抚州市积极支持本地符合条件的绿色企业发行上市。支持本地已经上市的绿色企业和科技型企业通过股票增发等方式进行再融资活动;支持符合条件的上市绿色企业和科技型企业通过并购方式开拓产业链相关业务,布局全产业链条的发展。

二是支持发行绿色融资债券。让专业的第三方认证机构来对相关发债企业与募投项目进行绿色程度、环境压力的专业化测试，支持符合条件的企业发行绿色债务类直接融资工具，建立担保、贴现等有利于降低债务融资成本的机制。鼓励市、县（区）政府和担保机构积极发挥贴息担保作用。

三是积极探索发行绿色金融债券和绿色信贷资产证券化。支持银行业机构为抚州市绿色项目建设发行绿色金融债券，确保专项资金专款专用，积极拓宽绿色项目投融资渠道，探索绿色信贷资产证券化。

三、推进绿色保险产品和服务的发展

一是创新绿色保险产品和服务。开发推广节能耐用消费品、新能源汽车、节能住宅等保险项目，创新发展绿色信用担保保险，引导绿色消费行为。鼓励保险机构大力开发知识产权保险、首套产品保险、重点研发设备保险、产品研发责任保险、成果转化保险等科技型保险产品。鼓励保险机构设计定制特色服务、特色产品，加大对新技术、新材料、新能源、生物医药等高新技术企业的保险支持力度，推动相关高新技术企业绿色发展。

二是稳步推进环境污染强制责任保险工作。制定《抚州市环境污染责任保险工作实施方案》，推进抚州市涉及污染环境的企业签订强制责任保险的协议，鼓励相对污染严重的企业积极参加环境污染责任保险，并完善企业污染事故理赔机制。

三是对绿色资源实施保险。抚州市将加大林地、林木、森林的保险参保力度，进一步提高抚州市的森林覆盖率，鼓励更多中小企业及个人都能参与到城乡绿化与城乡绿色的保护活动中来。尝试在全市沿河流域的水源地、湿地、沿河流域森林、生态保护区等实施环境资源保险。

四、引导社会资本参与

一是支持设立各类绿色发展基金。依托抚州市金控集团统筹产业发展基金，尝试设立生态环保产业子基金，加大对抚州市生态、节能、环保领域的投资。对拥有自主知识产权并形成良好经济社会效益的科技型中小企业或研发机构，抚州市政府将给予重点扶持，支持科技型企业的技术创新与发展，将中小企业的技术改造项目纳入贷款贴息等政策优惠中来，以科技引领抚州市六大支柱产业的发展。要发挥地方法人机构的作用，设立绿色产业发展基金，以绿色产业发展为导向，持续推动绿色产业发展。

二是推动PPP模式的进一步发展。积极发展绿色金融新业态，未来抚州将加大对全市绿色产业项目的投资力度，培育和引进各类风险投资基金、股权投资基金、私募股权基金的发展，鼓励和支持小额贷款公司、金融租赁公司、融资性担保公司为抚州本地的绿色产业、相关企业和绿色发展项目提供金融支持和服务。鼓励发展互联网金融和模式创新，支持发展网上小额贷款、第三方支付、网上金融超市、大数据金融等新兴业务。根据财政部、原环境保护部等四部委联合下发的《关于政府参与的污水、垃圾处理项目全面实施PPP模式的通知》，抚州市政府参与的新建污水、垃圾处理项目将全面启动PPP模式，并出台《PPP模式下绿色项目实施细则》，规范化绿色PPP项目的操作与实施；支持危险废弃物处置、土地和水资源治理、大气污染治理、环境整治等公共服务绿色项目积极尝试PPP模式，进一步拓展融资渠道。

五、创新绿色融资产品

一是创新绿色信贷服务产品。鼓励金融机构通过股债结合、投贷联动等方式开发相关绿色金融产品，支持企业绿色项目的发展。创新发展清洁能源、绿色能效、绿色装备、供应链等融资性服务，通过货权与现金流控制的金融解决方案，化解融资难、融资贵的难题，提高核心企业的核心竞争力。引进域外金融公司为抚州市提供绿色中间信贷、能效贷款等创新型的投融资产品，为中小企业提供更加全面和高质量的综合性绿色金融服务。

二是建立环境权益交易平台。探索制定《抚州市排污权有偿使用和交易价格管理暂行办法》，鼓励减排、减放。完善市场化的环境权益定价机制，将排污权有偿使用和交易有机结合起来，建立抵质押登记及公示制度。

三是环境权益融资工具。在学习借鉴外地银行开展环境权益相关的抵质押融资活动的经验基础上，鼓励金融机构积极开展排污权质押贷款试点，尝试发展基于用能权、清洁能源、污水治理、水权、垃圾处理等预期收益质押贷款融资工具，发展环境权益回购、保理、托管等金融产品。鼓励金融机构利用碳金融工具。

四是做大做强科技型企业。抚州市支持科技型中小企业通过资本市场体系进行重组、上市融资等活动。探索对科技型中小企业给予社会融资贴息，鼓励科技型中小企业利用债券市场融资。

六、完善配套体系

一是完善环境信用体系的建设。金融机构应根据建设项目环评审批、建设项目环保竣工验收等企业环境信用信息，实施差别化信贷政策。加强财政部门与环保部门的信息共享，完善企业环境信息的共享机制。对不同评价结果的企业在授信、利率等方面实施差别化信贷政策措施，扩大企业环境信用评价在金融机构融资服务中的使用范围。

二是鼓励金融机构创新创优。利用好现有的财政专项补贴政策，对金融机构及准金融机构在金融产品、技术、工具和服务等方面的创新给予一定的专项奖励。修改抚州市银行机构信贷投放奖励办法，增加有关金融产品创新和绿色信贷贡献奖。鼓励金融机构运用互联网技术、区块链技术、大数据、人工智能等技术提高金融机构在中小企业绿色项目融资、资源配置、资产定价、安全保障、风险管理等方面的能力和水平。

三是搭建绿色大数据信息平台。充分利用现有的大数据平台，在加强绿色金融产品宣传和绿色发展理念的同时，将绿色项目储备，国土空间开发优化工程项目、经济转型升级促进工程项目和生态环境质量改善工程项目等生态文明建设规划重点项目，企业科技创新项目及科技企业名称，绿色信贷金融保险服务等纳入该平台。及时公布抚州市符合"能源效率标识的产品""国家重点节能技术推广""国家鼓励发展的环保产业设备""节能惠民工程产品""绿色安全优质的食品生产认证"的目录和企业清单等。

第四节　特色型知识产权措施强市壮企铸繁荣

习近平总书记在江西考察时，主持召开了推动中部地区崛起的工作座谈会，发表了关于加快自主知识产权核心技术研发、鼓励更多原创技术创新、加强知识产权保护的重要讲话，围绕"特色知识产权强市场"建设的相关要求，探索新常态下应用知识产权引导企业进行产业转型与升级，实现地区经济跨越式发展的目标。抚州市通过国家生态文明先行示范区建设，大力促进数字信息、生物医药、新能源新材料、汽车及零配件四大主导战略性新兴产业的发展。促进新兴产业的知识产权发展将加快绿色、低碳、生态、环保产业的发展，结合专利技术产业化特色主题进行国家知识产权试点城市建设，打造知识产权特色强市的抚州发展模式。

一、加快知识产权领域改革，激发中小企业创新活力

一是推进知识产权管理的综合改革。紧跟企业发展创新要求，发挥知识产权在企业创新过程中的主导作用，打通知识产权在创造、使用、应用、管理、保护全过程中的服务通道，构建知识产权高效的综合管理体系、便民公共服务体系等，探索知识产权运行机制促进企业的创新发展。进而形成清晰、差别化的权利边界合理工作、权责一致、高效运行和法律保障的制度和机制。探索建立专利、商标、版权"三合一"综合管理机制试点县（区）提高知识产权过程的效能管理，健全知识产权保护体系。

二是完善知识产权评价机制。抚州市将加大对国内外知识产权的奖励和补贴力度，落实国家促进知识产业发展、技术创新和科技进步的各项税收优惠政策，建立健全奖励资金和补贴制度。鼓励企业对取得重大经济效益的专利项目，可采用股份等形式进行激励和奖励，形成适合自身创造发明的新型分配制度。同时设立抚州市优秀发明家奖、市专利奖。在同等条件下政府采购优先使用具有自主知识产权的产品。对获得国家、省、市专利奖，著名商标，优秀发明人奖和具有突出贡献的单位，抚州市政府将统一给予表彰和奖励。

三是完善知识产权评估制度。加强知识产权分析评价示范机构建设，完善重大经济技术活动的知识产权评估制度。建立重点领域知识产权评估报告发布制度，探索知识产权评估试点工作。围绕抚州市相关重大创新项目开展知识产权评估，完善重大科研项目知识产权全过程管理流程，引导企业自主开展知识产权评估，规避和防范知识产权风险。

四是知识产权服务管理模式创新。抚州市将逐步提高在知识产权服务领域的服务质量和服务效率，注重企业及服务对象的服务体验，大力推进"互联网+知识产权"的网上服务模式。加强知识产权专利代理人才的专业素养培训，对知识产权服务机构开展培优培育，建立知识产业服务行业的评价机制。抚州市还将逐步开展知识产权统计调查，逐步建立知识产权服务业统计公布制度。

五是知识产权信用管理制度的完善。抚州市将加大对侵犯知识产权行为及企业失信行为的惩处力度，建立知识产权保护信用档案，推进知识产权长效保

护机制的建立。对假冒知识产权行政处罚、重复侵犯知识产权等信息，要及时纳入相关企业或个人的社会信用信息系统并实时公示，强化社会对知识产权的保护意识，提高知识产权保护的社会满意度。完善专利代理机构知识产权执业信息的披露制度，及时公开知识产权代理机构和执业人员的相关资质与资信评估等信息，建立金融支持项目形成的知识产权信息披露制度。要求所有申请知识产权项目的企业或个人都必须填写《知识产权信用承诺书》，构建完善的知识产权服务诚信机制和侵权惩罚性赔偿制度。建立专利数据信用监控平台，扩大数据的范围和维度，实现及时发现，自动评价，数据共享机制。

二、强化知识产权创新与运用，促进中小企业转型升级

一是实施知识产权"十百千万"升级工程。推进抚州市工业园区企业知识产权管理制度，鼓励中小企业根据自身特点制定适合的知识产权战略。推动国家知识产权管理标准的规范化实施，提高知识产权的实施标准和服务水平。未来抚州市还将加强对知识产权优势企业和示范企业的培育。根据计划目标，到2022年，专利过千授权的工业园区1家，培育授权专利过百的高新技术企业10家，专利过十的规模以上企业100家，对中小微企业积极引导其专利"双消零"，合计规模达1000家及以上。

二是加快知识产权密集型产业培育工程。未来抚州将计划培育认定2~3个知识产权密集型产业基地，促进抚州知识产权密集型产业的快速发展。对信息通信技术、新材料、汽车与轨道设备、医药医疗产业、环保和技术与服务等专利密集型产业的知识产权开通绿色专利申请通道，建立专利数据库，形成一批专利组合，储备一批支撑产业发展的核心知识产权。同时积极鼓励企业和产业集聚区、行业协会开展针对自身领域的知识产权布局。

三是推进专利产业化工程项目的实施。抚州市财政将重点资助和扶持具有自主知识产权项目的实施和产业化项目。引导、支持金融和风险投资机构加大对知识产权项目的实施和产业化进行资金投入。鼓励企业将知识产权作价入股、质押、拍卖、信托，对企业用知识产权质押贷款给予一定的贴息补助。进一步推动科研成果产权化、知识产权产业化，培育专利技术产业化试点示范企业年增长50%，促进专利实施转化率达75%以上，有效发明专利产业化率达75%以上；助推全市企业专利技术产业化和有效发明专利全覆盖，高新技术产业增加值占规模以上工业增加值比重达到35%以上。

四是实施发明专利质量提升工程。探索建立年费监控系统，针对专利年费缴纳，做到及时监测和提醒，有效提高万人发明授权量；探索建立全市的专利动态数据监测平台，实现对专利质量的在线监控，对申请、实审、许可、质押、转让、失效、撤回等数据的实时监测；探索建立专利质量的评价系统，针对全市专利质量进行定量分析和数据跟踪，提升企业专利质量，促使专利代理机构质量提高。

五是鼓励知识产权的产学研合作项目。抚州市积极支持和引导中小企业与相关高校或科研机构开展项目合作，建立知识产权的联合体。通过与相关科研机构的技术合作，促进科研机构的技术优势向市场转化，为中小企业发展和地方经济发展提供智力支持。同时，抚州市还鼓励本地中小企业与科研机构积极对接，承接其相关知识产权或专利，协作开发促进相关技术的产业化开发。支持各级各类研发载体共同实施关键技术的攻关，创造服务与产业发展的核心知识产权。

六是实施知识产权惠农工程。抚州市加强农业领域中小企业的知识产权交易与转化平台的建设，展开农业领域专利项目的产学研对接，进一步开展农产品专利等的农业知识产权展示、推广与应用。引导涉及农业知识产权服务的相关机构开展农业知识产权信息的分析、专利质押融资、专利价值评估等增值服务，加快发展农林生物技术和低碳生态产业。同时，充分发挥抚州市在白莲、蜜橘、白茶、麻鸡、黑羽绿壳蛋鸡等领域的技术创新优势，每年筛选技术含量高、产业发展与转化前景好的农业专利，进行重点推广应用。大力推进"地标富农"工程，鼓励、引导各县（区）农业产业行业协会及相关组织，推进地理标志产品保护示范区建设。挖掘本地区优质特色农业产业资源，农产品地理标志、申报地理标志商标和地理标志保护产品，拓展品牌影响，提升品牌价值，打造品牌农业，为实现"兴农富民"发挥积极作用。

七是知识产权品牌创建工程。抚州市将鼓励企业之间利用自身品牌、商标的优势对相关企业进行战略性的兼并和重组活动，大力推进抚州地区汽车及零部件产业、生物医药产业、机电变电设备产业、耐热陶瓷产业、生态农业、香精香料等产业的品牌建设。着力打造广昌白莲、南丰蜜橘、崇仁麻鸡、资溪白茶、东乡黑羽绿壳蛋鸡等优质本土农产品品牌，努力推进"生态抚州""绿色农产品"的品牌形象工程建设和品牌价值提升工程。

八是引导公共文化资源商标注册。实施"临川文化＋产业＋知识产权"工程，对抚州市的历史文化遗产进行有效保护，通过地方知识产权的建设来促进历史文化产业可持续发展。充分挖掘和运用抚州独有的文化和生态优势，把专利、商标、著作权等知识产权与本地区所形成的区域传统文化和优势产业有机结合起来，实施"文化＋产业＋知识产权"战略，形成以"临川四梦"等为代表的具有鲜明抚州特色的旅游景点景区、旅游产品、影视节目制作、网游动漫、设计创意、软件开发、广告会展、艺术品、非物质文化遗产等文旅创意产业链的知识产权保护体系，推动文旅创意产业发展。

三、加强知识产权保护，优化中小企业创新环境

一是对知识产权加大行政保护力度。未来抚州将积极加大知识产权综合行政执法力度，提升地区范围内对企业知识产权的保护能力。开展涉及企业知识产权的维权打假、护航等的专项行动，针对特色产业及民生领域开展专项执法，完善重点产品打假溯源机制。推进"互联网＋"知识产权保护模式，加大对新业态、新模式的成果保护力度。建立重点行业和重点市场的知识产权保护机制，对侵犯知识产权行政处罚的行为要信息公开，落实知识产权重点案件挂牌督办制度。要充分利用行政保护与司法保护相辅相成、有机衔接的知识产权保护模式，坚决打击侵犯知识产权涉及民生和人民群众反映的行为。

二是建立知识产权保护援助体系。构建"市分中心、县工作站"两级知识产权保护、援助、举报、投诉工作网络，完善知识产权保护援助网络的建设。制定相关知识产权保护制度，加大对中小微企业的知识产权保护力度，探索在中医药、电子信息及陶瓷产业开展快速维权。探索建立针对中小微企业的免费维权援助模式，采用政府购买服务的模式，解决中小微企业涉及知识产权问题的维权保护问题。

四、提升知识产权服务能力，助推中小企业绿色创新发展

一是推进知识产权现代服务业的发展。抚州市系统构建知识产权交易、代理、融资全链条的知识产权服务体系建设，加快培育品牌知识产权服务机构。引进或支持熟悉国际规则、具有实际操作能力和较强竞争力的中介服务机构，培育2~3家市级知识产权品牌服务机构，壮大1~2家在本市辖区登记注册的知识产权服务机构，采取扶持政策、税收减免等有效措施提升知识产权综合服

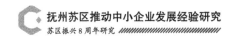

务能力。引进1~3家知识产权金融服务机构，提高抚州市知识产权金融服务能力。实现中小微企业的专利托管制度，建立企业专利托管平台，力争达到托管企业100家，实现中小微企业的专利管理有序化、规范化。

二是实施全面知识产权导航工程。未来抚州将编制香精香料产业、变电设备产业、陶瓷产业、生物医药产业、机械制造产业等重点产业发展专利导航图，统筹规划专利导航产业的发展机制，培育专利导航产业发展的新格局。同时，以抚州市战略性新兴产业为专利导航发展的重点，开展产业试验区建设，按照"1+N"模式构建产业专利导航项目体系。构建针对全市的专利信息应用和检索平台，引导抚州市规模以上企业实现专利信息导航数据库全覆盖。实现重点产业的专利导航分析的全覆盖。

三是完善知识产权金融服务体系。构建和完善知识产权融资综合服务平台。推进知识产权质押融资，引进知识产权质押金融服务平台。未来抚州市将大力开展知识产权质押融资的试点工作，对中小企业以知识产权形式质押融资的相关业务予以大力的扶持。鼓励相关金融机构积极开展涉及企业的知识产权金融服务。推进"互联网＋知识产权金融"的发展，努力为创新型中小企业提供诸如专利保险、知识产权证券等新型知识产业金融产品及服务。

第五章

抚州苏区产业布局与发展情况分析

关于未来抚州苏区的产业布局与发展,《若干意见》中最精准的概括是"融入南昌、对接海西、建设向莆经济带",这不仅是在抚州未来的发展战略上,更是对抚州未来的空间布局规划出了崭新的蓝图,提出了抚州市未来两个阶段的发展目标与要求。根据资源禀赋、产业基础等关键要素,抚州市科学确定全市 11 个开发区的首位产业和主攻产业,做到各开发区发展既扬优展长、集中突破,又实现开发区之间错位发展、互补发展(见表 5-1)。

表 5-1 抚州市开发区首位产业和主攻产业 [①]

开发区名称	级别	首位产业	主攻产业
抚州高新技术产业开发区	国家级	新一代信息技术	生物医药
			汽车及零部件
			新能源新材料
东乡经济开发区	省级	新材料	电子信息
			生物医药
崇仁高新区	省级	输变电设备	新能源新材料
抚北工业园	省级	有色金属	电子信息
			食品药品
南城工业园	省级	机械电子	中医药
			教育设备
宜黄工业园	省级	塑料制品	光电产业
			电子信息
金溪工业园	省级	香料化工	光电子产业
广昌工业园	省级	绿色食品	新能源新材料

① 根据《江西省开发区总体发展规划》确定各大园区首位产业及主攻产业。

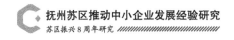
续表

开发区名称	级别	首位产业	主攻产业
黎川工业园	省级	陶瓷	中药材、家具产业
南丰工业园	省级	绿色食品	电子信息
乐安产业园	省级	电子信息	新能源新材料、锂产业

资料来源：《江西省开发区总体发展规划》，2018。

根据抚州各县区工业发展的特点和重点，抚州市构建了"一核、一带、三区"的开发区产业空间发展格局。空间布局思路：按照"核心区引领、特色产业支撑、多极化发展"思路，重点构建"一核、一带、三区"的开发区产业空间发展格局。规划功能分区，突出生产功能，重点建设好开发区核心区，统筹核心区与生活区、商务区、办公区等城市功能建设，使开发区成为本地制造业、高新技术产业和生产性服务业集聚发展的平台，成为实施创新驱动发展战略和发展新经济培育新动能的重要载体。

一核：即以抚州高新为核心。大力发展新一代信息技术产业、生物医药、汽车及零部件、新能源新材料等主导产业，把握高新技术产业开发区建设成为国家自主创新示范区的机遇，发挥抚州工业中心的集聚和辐射功能，将高新技术产业开发区建设成为产业技术创新示范区、绿色发展引领区、开放协调发展先行区、创新政策和体制机制改革试验区。

一带：即向莆双向开放经济带。依托向莆铁路、福银高速，形成以临川、南城、南丰、黎川为集群的赣闽台经济合作走廊。充分利用交通便捷有利条件，使现代农业、现代工业和现代服务业在铁路沿线集聚发展，努力将向莆双向开放经济带打造成江西乃至中部地区联通闽台和汉新欧的重要经济发展带。

三区：即创新引领区、提升攻坚区、绿色发展区。创新引领区：主要是抚州北部地区，包括抚州高新技术开发区、东乡经济技术开发区、抚北工业园，重点发展新一代信息技术、新材料、汽车及零部件等新兴产业，形成北部创新引领区。提升攻坚区：主要位于抚州中西部地区，包括崇仁高新区、乐安产业园、宜黄工业园、南城工业园，重点发展变电设备、塑料制品、机械电子等产业，形成中西部提升攻坚区。绿色发展区：主要位于抚州东南部地区，包括金溪工业园、资溪联合工业园、南丰工业园、黎川工业园、广昌工业园，立足绿色资源优势，重点打造南丰蜜橘、南城禽蛋、黎川日用耐热陶瓷、广昌白莲、金溪香料等特色产业，形成东南部绿色发展区。

同时，为了促进抚州高新区、东临新区、抚北工业园区和东乡经开区整合协同发展，探索建立"一区多园"的格局。对同一县城内存在的多个开发主体且未纳入国家开发区公告目录的工业园区进行整合，建立统一机构，实行"一县一区"管理。对"低小散"的工业园区进行清理、整合、撤销，鼓励抚州高新区和发展水平较高的省级开发区对"低小散"工业园区进行托管。

第一节　抚州苏区主导产业发展情况

抚州市拥有六大支柱产业（总计 502 户规模以上企业），2018 年，工业增加值增速为 11.4%，增加值占全市 GDP 的比重为 15.1%。实现主营业务收入 1079.2 亿元，同比增长 15.4%。其中，抚州的机电制造产业（规模以上企业 142 户），2018 年实现主营业务收入 288.7 亿元，同比增长 10.8%；抚州的食品加工产业（规模以上企业 69 户），2018 年实现主营业务收入 83.3 亿元，同比增长 2.7%；抚州的生物医药产业（规模以上企业 32 户），2018 年实现主营业务收入 59.6 亿元，同比下降 5.1%；抚州的电子信息产业（规模以上企业 24 户），2018 年实现主营业务收入 38.4 亿元，同比下降 19.2%；化工建材产业（规模以上企业 204 户），2018 年实现主营业务收入 197.5 亿元，同比增长 2.4%；有色金属加工产业（规模以上企业 31 户），2018 年实现主营业务收入 411.7 亿元，同比增长 42%。

截至 2019 年 1~11 月，抚州市六大支柱产业工业增加值同比增长 10.2%，高出抚州全市规模以上工业增加值增速的 1.3 个百分点。六大支柱产业呈现五升一降，分别是机电制造产业增长 22.0%、电子信息业产业增长 21.6%、生物医药产业增长 7.6%、有色金属加工产业增长 4.9%、化工建材产业增长 4.4%、食品加工产业下降 2.9%（主要是受市场影响，食品加工行业原材料和劳动力价格居高不下）。

一、抚州新一代信息技术产业发展概况

新一代信息技术产业是抚州重点培育发展的支柱产业。截至 2019 年 1~6

月数据，抚州新一代信息技术产业实现主营业务收入 67.44 亿元，同比增长 15%；实现利润 4.0464 亿元，同比增长 15%；新一代信息技术产业实现税金 3.372 亿元，同比增长 15%，主导产业集群效应凸显。抚州新一代信息技术产业汇聚了以森鸿科技、赛华电子、联益电子、双菱磁性材料、艾宜格科技、五洲同芯等为代表的电子信息企业逾百家。产品主要涵盖新型电子元器件、半导体材料、精密电子接插件、智能手机显示屏、通信设备和数码产品六个类别。

未来，抚州将通过新一代信息技术产业的发展引领现有中小电子信息企业向高端产业转型升级，重点布局半导体新材料、MO 源光电材料、超高纯材料等新型电子材料和新型电子元器件、智能终端、集成电路等新产品的开发和应用。同时，通过新一代信息技术产业的发展还将推动抚州市的物联网、云计算、人工智能、电子通信、数字内容等数字信息产业的高速发展，培育一批数字信息化产业的龙头企业和一大批配套的中小数字经济企业，形成江西省"互联网＋新兴业态发展"的示范高地，吸引更多互联网相关企业集聚。不仅如此，抚州还将建设信息产业的平台，构建区域大数据处理中心和云计算示范城，打造区域性信息产业示范区。

二、抚州生物医药产业发展概况

生物医药产业是抚州近些年着力重点培育发展的支柱产业。抚州生物医药产业依托于抚州高新技术开发区，这里不仅是生物医药省级战略性新兴产业基地，还是江西省唯一的生物医药高新技术产业特色基地。截至 2019 年 1~6 月，抚州生物医药产业实现主营业务收入 19.81 亿元，同比增长 10%；实现利润 1.19 亿元，同比增长 15%；抚州生物医药产业实现税金 0.99 亿元，同比增长 15%，整体发展势头强劲。抚州高新区内的生物医药产业共汇聚了博雅生物集团、珍视明药业、施美药业、科伦药业、回音必制药、舒美特药业等规模以上医药工业企业 42 家，已经形成了完整的集生物医药研发、生产于一体的涵盖大中小企业的产业集群，重点发展现代中药、生物制药、化学合成药、医疗器械、医药流通五大领域。

未来，抚州将重点依托原料药、现代新型中药和生物工程药物优势，大力发展国家一级、二级新药和临床新药，开发生产新型医疗器械，加快药品品种多样化、现代化生产和大规模经营。重点加快中小型中药企业技术改造与转型升级，完善中药制剂的质量标准、明确药效机制，在安全、高效、稳定、可控的基础上研发、生产符合国际质量标准的现代中成药新型制剂。引进可提高生物利用度和便于服用的控缓释药品、治疗恶性重大疾病的高效特效药品、以基因工程为核心的生物治疗药物，培育自身拳头型产品，形成较大的生产规模。同时，抚州市未来还将大力推进生物医药产业园建设，建设以高新区为中心的生物医药产业圈，辐射壮大生物医药产业集群带动周边县市的生物医药产业发展，培育一批技术先进、主业优势明显的生物医药企业。同时，抚州还将把握大健康产业发展趋势，紧抓仿制药一致性评价等医药改革机遇，依托生物医药产业基础优势，持续推动生物制药、化学制药高端产品研发，培育发展智能医疗器械、医药物流，打造国家级生物医药产业基地。

三、抚州汽车及零部件产业发展概况

汽车及零部件产业也是抚州重点培育发展的支柱产业。截至 2019 年 1~6 月统计数据，抚州汽车及零部件产业实现主营业务收入 59.5 亿元，同比增长 10%；利润 3.57 亿元，同比增长 10%；税收 2.98 亿元，同比增长 10%，发展势头迅猛。抚州汽车及零部件产业以大乘汽车、江铃轻汽、荣成机械、金驰汽车、江铃底盘、金程汽车零部件等为代表的汽车及零部件生产企业共计 170 多家，主要涵盖生产 SUV、皮卡、新能源汽车、改装车等汽车整车和汽车驱动桥、轮毂、减震器、传动轴、刹车泵、隔热板等汽车零部件及相关产品。

未来，抚州汽车及零部件产业还将大力培育大型汽车零部件生产基地和产业圈，重点引进变速器、发动机、底盘总成、减震器、重型汽车桥壳等大型专业化汽车及汽车设备制造商。通过引进有实力的相关整车零部件配套大企业，带动新能源汽车及零部件企业的发展，吸引中小型配套企业的集聚，推动抚州市汽车产业、新能源汽车产业、汽车零部件产业的整体发展。以抚州高新区汽车及零部件产业集群发展为契机，加快汽车整车、汽车关键零部件、新能源汽车制造产业发展，大力发展纯电动汽车和插电式混合动力汽车，重点突破动力电池能量密度、高低温适应性等关键技术，着力打造江西汽车制造"第二极"，还将计划把新能源汽车动力电池生产产业作为新的具有较大影响力的核心产业来打造，形成新能源汽车动力电池生产产业的高地。

四、抚州新能源新材料产业发展概况

新能源新材料产业也是抚州重点培育发展的战略性新兴产业。2019 年 1~6 月，抚州新能源新材料产业实现主营业务收入 9.2 亿元，同比增长 15%；实现利润 0.552 亿元，同比增长 15%；抚州新能源新材料产业实现税金 0.46 亿元，同比增长 10%，整体发展势头相当强劲。近年来，抚州各地纷纷引进各类新能源新材料项目，已经形成了集基础锂产品、锂电新材料、电解液、电子级铜箔、动力锂电池为一体的锂电产业链，汇聚了诸如迪比科、铜博科技、金晖锂电、德义半导体、海利不锈钢、志特新材料为代表的一大批新能源新材料企业，企业总数量已经超过 35 家。随着"十三五"时期抚州全市创新驱动战略的实施和产业转型升级的推进，还将进一步激活抚州新能源新材料产业的爆发式发展，带动一大批相关中小企业及配套企业的集聚式发展。

未来，抚州市将立足本地产业基础和市场需求，以"高端、协同、节能"为导向，着力构建绿色产业体系，进一步延长抚州新能源新材料产业链，加快新材料产业集聚壮大，为抚州推动产业结构调整升级提速、实现高质量跨越式发展增添新的动力。

第二节　抚州苏区特色产业发展情况

目前，抚州共有七个省级重点工业产业集群，分别是：崇仁变电设备产业集群、抚州高新技术产业开发区汽车及零部件产业集群、金溪香料产业集群、抚州高新技术产业开发区电子信息产业集群、黎川工业园区陶瓷产业集群、东乡经济开发区新材料产业集群、南丰工业园区绿色食品产业集群。2019 年抚州市特色产业集群总体运行情况如下：东乡新材料产业实现主营业务收入 137.78 亿元，占经开区总产值的 72.27%，税金 6.68 亿元。南丰绿色食品产业主营业务收入达到 55.8 亿元，集群主营业务收入占开发区比重的 56.25%。黎川陶瓷产业主营业务收入 39.64 亿元，占园区主营业务收入总额的 65%，缴纳税金 1.94 亿元，占园区税金总额的 33%。崇仁变电设备产业实现主营业务收入 114.7 亿元，占园区总量的 70.8%，同比增长 8.12%。金溪香料产业实现主营业务收入 120 亿元，同比增长 11.11%。抚州高新区电子信息产业实现主营业务收入 157.26 亿元，同比增长 15%，实现税金 7.863 亿元，同比增长 15%。2020 年第一季度抚州市特色产业集群总体发展与历史同期相比有所下降，如东乡新材料产业实现主营业务收入 9.6 亿元，同比下降 7.1%，税金 1.4 亿元，同比下降 31%。南丰绿色食品产业主营业务收入 3.02 亿元，同比下降 6%。黎川陶瓷产业主营业务收入 9.51 亿元，同比下降 3.5%，缴纳税金 0.43 亿元，同比下降 14%。崇仁变电设备产业实现主营业务收入 17.16 亿元，同比增长 10.4%，实现税金 0.44 亿元，同比下降 20.3%。金溪香料产业集群实现主营业务收入 30 亿元，同比增长 3.4%。抚州高新区电子信息产业实现主营业务收入 20.69 亿元，实现税金 1.03 亿元。

一、抚州数字经济产业发展概况

数字经济是抚州产业转型升级的优先发展方向，也是抚州经济发展弯道超车的重要载体。近年来，抚州市以"大平台、大集成、大数据、大智慧"为发展方向，进一步加大对信息基础设施建设投入，先后引进了中科曙光政务云计算中心、卓朗云大数据中心、创世纪超算中心等一批重大项目，引入了诸如趣分期、盈盈易贷、微贷网、51 信用卡等一批互联网金融企业先后入驻抚州。通过引进的一批重大项目的实施和重点企业的投入运营，合作各方将参照新型研发机构先进的管理模式和运行机制，集聚中科院软件中心、中科曙光、江西省科学院的创新资源，以抚州高新区新一代信息技术产业为基础，在抚州高新区联合共建大数据研发及产业发展基地，组织开展面向抚州新一代信息技术及大数据应用产业集群的共性技术研发和集成攻关、企业公共技术服务、工程化示范与企业孵化、科技战略咨询、人才交流与培养等工作，共同支撑和推进抚州数字化产业基地的建设，在推动区域经济建设、科技创新成果转移、促进科技型中小企业的快速发展等方面起到积极的作用。

目前，抚州数字经济的发展已经涉及政务大数据示范中心、大数据云应用服务中心、大数据存储中心、大数据双创中心、大数据应用软件开发中心、大数据行业集聚中心、大数据交易中心七大中心建设，重点引进互联网、大数据、人工智能等一批优势产业项目，有力地推动抚州地区互联网与实体经济融合发展。据相关抚州地区的同志介绍，在中科院江西中心建成且条件成熟后，抚州还将拟建"中国科学院江西产业技术创新与育成中心抚州分中心"，将全面开展技术、平台、研发、人才等方面的战略合作，进一步发挥中科院软件中心、中科曙光及科研院所的科技优势、人才优势、成果优势和抚州的地方资源优势，推动大数据与智能化融合科研成果转移及产业化发展的目标。

未来，抚州市将抓紧数字经济发展机遇，大力实施"互联网 +"行动，加快推进 5G 商用、"03 专项"等试点，以数字产业化、产业数字化为主线，促进互联网、大数据、区块链、人工智能、物联网向实体经济覆盖渗透，培育壮大数字经济新动能，建设中部大数据基础支撑新高地。

二、抚州旅游休闲及康养产业发展概况

抚州位于江西省东部，辖 9 县 2 区、1 个国家级高新区和 1 个东临新区，总面积达 1.88 万平方千米，总人口达 400 万人，先后荣获"国家森林城市""国家园林城市"等多张城市名片。目前，抚州现有 AAAAA 级国家景区 1 个、AAAA 级国家景区 16 个。总的来说，抚州市的旅游资源可以概括为以下几个特点：

一是抚州素有"才子之乡、文化之邦"的美誉，抚州历史上曾经培育出 7 个宰相、14 个副宰相、3000 个进士，抚州才子全国闻名。有资料记载，自中国历史上有科考制度以来，全国进士有 10 万人，其中江西有 1 万人，占全国的 1/10，而抚州有近 3000 人，占江西的 1/3。抚州历史上涌现出晏殊、晏几道、陆九渊、汤显祖等一大批巨公名儒，历史上著名的唐宋八大家，抚州有两家，分别是王安石、曾巩。此外，不得不提的是抚州的基础教育也是全国闻名，仅每年录取清华大学、北京大学学生就占江西省录取人数的 1/3 以上。

二是抚州源远流长的戏剧文化。抚州有采茶戏、宜黄戏、广昌孟戏、南丰傩舞等一大批国家级非物质文化遗产。围绕把汤显祖戏剧文化做活，抚州市每年都举办丰富多彩的汤显祖戏剧节活动，邀请国内外著名的演出团队来抚州展演。抚州市编排的乡音版《临川四梦》、盱河高腔版《牡丹亭》等戏剧，唱响全国，享誉世界。围绕打造"中国戏都"，抚州市兴建了汤显祖大剧院、海利大剧院等 4 个大型剧院，文昌里戏台、三翁花园戏台等 8 个露天戏台以及 13 个小游园。大型实景演出《寻梦牡丹亭》已正式对外开放。

三是抚州清新优美的生态环境。抚州风光如画，处处是景。资溪的大觉山全程 3.6 千米，落差 180 米，还有被誉为"亚洲第一漂"的峡谷漂流。南城著名的麻姑山，相传是麻姑在此修道成仙因而得名，是难得的风水宝地，为我们留下了"麻姑献寿""沧海桑田""掷米成丹"等优美的神话传说。不仅如此，

抚州一年四季都有景色，春风中临川秋溪万亩油菜花铺满大地；盛夏时中国最大的莲花池——广昌姚西芳香四溢；秋收季南丰70万亩桔海硕果累累；冬日里临川温泉、资溪法水温泉等天然温泉为您驱寒解乏。

四是抚州乡愁悠远的古村古镇。抚州目前有5个中国历史文化名镇名村、31个中国传统村落、13个省级历史文化名镇名村、83个省级传统村落，最具代表性的诸如"千古第一村"——乐安流坑古村，始建于五代，至今仍保留有260多幢古建筑和650多处楹联牌匾，是中国封建宗法社会的缩影；"千年古镇"——金溪浒湾镇，该镇是宋明时期最大的印书集散地，曾有"书不到浒湾不全"的盛名；金溪的竹桥古村再现了"借我一天，还你千年"的历史场景，仿佛穿越回明朝。

目前，抚州全市拥有临川灵谷峰、乐安金竹瀑布、金溪书铺街、南城洪门湖、南丰军峰山、资溪御龙湾等一批优秀旅游资源，基本实现了县县都有重点旅游景区。抚州市还以全国养老服务业综合改革试点城市为契机，颁布了《关于加快发展养老服务业实施办法》等，大力发展当地的健康养老产业。近年来，中科慧康爱心中心、亲和源老年公寓、伟涵老年公寓、东乡银河家园医养结合养老示范基地等一批老年康养服务项目落户抚州。同时立足抚州区位及生态环境优势，积极培育健康产业新业态，互补互促、创新融合，着力构建现代中医药、绿色健康食品、健康养生旅游、医疗卫生与养老、运动健身五大健康产业体系，将大健康产业培育成为抚州的旗帜产业。

未来，抚州市还将依托自身生态环境资源优势，以临川为核心，辐射全市，促使全市文化创意产业总体实力和核心竞争力明显增强，文化创意产业保持快速增长，文化创意产业成为全市新的经济增长点之一，全市文化创意产业增加值占全市GDP的比重达到10%。实施文化创意产业园区提升工程和重大文化创意产业项目带动战略，提高现有规上企业的竞争实力，形成一批优势文化创意产业，文化创意人才，打造一批产业关联度大、辐射带动能力强的区域性特色文化创意产业集聚区；不断形成以设计服务引领产业创新、以自主创新引领产业升级、以文化金融引导文化创客汇聚、以品牌创意引领产业发展的新格局。

三、抚州现代农业发展概况

自古以来，抚州地区都为农桑富庶之地，素有"赣抚粮仓"的美称。目前，抚州的南丰蜜橘出口产业园被认定为首批国家农业产业化示范区，东乡润邦被认定为首批国家区域循环生态农业示范区，临川区被认定为国家现代农业示范园区，南城县被确定为国家农产品质量安全县，资溪县确定为全县域有机农业示范区。抚州目前有4家国家级龙头企业、80多家省级龙头企业、23种农产品地理标志登记保护认证产品、57种绿色食品、122种有机产品、328种无公害农产品、630多种"三品一标"农产品。抚州已经培育了南丰蜜橘、广昌白莲、黎川资溪白茶等十个省级特色农业产业集群，吸引了大量农业中小企业聚集，实现销售收入近200亿元，已经形成了"一县一业""一乡一特""一村一品"的农业产业发展格局。

抚州市的现代农业发展采取一二三产业融合发展模式，带动农业及相关产业加速发展。抚州通过对农业产业的产业链延伸、农业产业的价值链提升，提升抚州地区农产品，尤其是特色农产品的经济附加值，打造出一批三次产业融合发展的产业示范园区、产业集聚示范园区。目前，抚州市已经获批新增7个省级现代农业示范园，示范园区总数已达26个，累计实现年产值超过38亿元。抚州现代农业示范园在区域经济带动方面成效显著，已累计引进培育的新型农作物品种1133个，推广农业示范新技术190项，主要农作物耕种收机械化综合程度超过76%；累计吸引入园农业产业龙头企业140家，入园中小农业企业或农业合作社共计323家，国家级示范社6家，省级示范社209家。

不仅如此，抚州还构建了"生态＋现代农业＋旅游"体系，积极推进农业、文化、旅游一体化融合发展。此外，抚州市为了进一步发掘农业产业发展潜力，实施休闲农业和乡村旅游融合发展的新型农业发展项目。抚州市已经建成省级AAAAA级乡村旅游点2个，AAAA级乡村旅游点20个，AAA级乡村旅游点129个。抚州市通过休闲农业产业和乡村旅游产业的综合发展，目前已经建成170个省级乡村旅游示范点，年接待游客超过460万人次，年均旅游收入超过50多亿元。为了更好地发挥本地生态环境优势促进本地农业产业，旅游产业的贯通式一体化发展，抚州市重点打造了以资溪大觉山漂流、金溪古村民俗游、广昌莲花游等为基础的一批重大旅游项目，发掘了诸如黎川古城、南丰古街等特色街区和宜黄曹山农禅小镇等特色小镇，开发了乐安流坑村、金溪竹桥村等一批村落精品旅游景点，实现农业产业与休闲观光和文化旅游产业的融合发展。

未来，抚州市还将坚持深度和广度开发并重，做强做精传统产业，以优势企业为龙头，适应生态农业和农业产业化的需要，提高食品工业与农业相关度，重点发展果品和莲产品、风味和休闲食品、特色饮料等精深加工，开发生产功能性食品、保健食品等高附加值产品，着力提高新产品品质和规模。

1. 南丰蜜橘产业

南丰蜜橘已有 1300 多年的栽培历史。水果色泽金黄，果皮薄而多汁，口感香甜，特别是甜与香的融合，深受消费者青睐。古人形容南丰蜜橘"食之为蜜、掰之香气盈室"。因为品质优良而驰名中外。南丰蜜橘产业经过 60 多年的发展历程，与 1949 年相比，面积增加数以百计，总产量增长数以千计。1947 年以前蜜橘种植区域只分布在县城附近几个村庄，极少逾越县城 10 千米外。如今南丰全县 12 个乡镇都栽种蜜橘。南丰蜜橘过去只在国内部分城市销售，如今已远销东南亚、加拿大、俄罗斯、欧盟等国家和地区，市场前景好。

（1）产业规模。至 2019 年南丰县蜜橘种植面积达 70 万亩，年总产量在 100 万吨以上。南丰蜜橘通过一支 5000 多户、2 万余人的经销商队伍，把南丰蜜橘销往全国各地，甚至已经出口到国外 40 多个国家和地区，也是我国对外出口量最大的柑橘果品之一，其口感绵甜，受到国内外的一致好评。

（2）品牌荣誉。南丰蜜橘先后被评为"国家地理标志产品""中国名牌农产品"，并获得"农产品地理标志"，"南丰蜜橘"证明商标为宽皮柑橘类首个"中国驰名商标"，是中国果品区域公共品牌 50 强，最受消费者欢迎的农产品公共品牌 100 强，南丰蜜橘（证明商标）的品牌价值已经高达 51.14 亿元，南丰蜜橘（农产品地理标志）的品牌价值达 209.70 亿元。南丰县已经被评为"南丰蜜橘全国绿色食品原料标准化生产基地"，也是首批被评为全国"出口水果质量安全示范区"的地区之一。

（3）在县域经济中的地位。南丰蜜橘是南丰县的农业主导产业，农民收入的主要来源，2018 年南丰县农村居民人均收入超 2 万元，其中 2/3 来自南丰蜜橘产业。南丰蜜橘产业集聚了生产、物流、包装、销售企业 150 多家，有生物有机肥生产企业 2 家，蜜橘深加工企业 3 家，蜜橘专业合作社 700 多家，种植农户近 5 万户。已初步形成生产、销售、物流、包装、加工、旅游、服务一体化的产业链条，现已建成罗俚石生态园、观必上乐园、前湖庄园、南湾农庄等橘园旅游采摘休闲景区 30 多个。蜜橘综合产值达 120 多亿元。未来，南丰县将调减南丰蜜橘产业规模，重建传统优质果品的核心地位和品牌形象。抓好"六化"（种植标准化、加工深度化、商贸国际化、休闲全域化、生活便宜化、文化特色化），通过南丰蜜橘一二三产业融合发展，推进"一园六区"建设（集综合服务区、科研试验区、加工生产区、产品展示区、仓储物流区、生态观光区为一体的现代蜜橘示范园），大力推广现代农业技术，加强蜜橘产业精深加工，完善产业链上下游，促进南丰蜜橘产业全面升级，形成整体发展优势。依托江西省梦龙果业有限公司、江西省鸿远果业有限公司、江西华夏五千年生态酒庄有限公司等龙头企业以及蜜橘种植专业合作社，加快南丰蜜橘精品示范园建设以及老桔园提升改造，建设南丰蜜橘质量安全追溯体系，加大南丰蜜橘品牌宣传力度。

2. 南丰种鳖产业

南丰不仅是著名的"蜜橘之乡"，也是著名的"中国龟鳖之乡"。近年来，南丰县着力构建"山上种橘，山下养鳖"的产业互补格局，大力培育"蜜橘经纪人""龟鳖大王"等致富带头人，走上了一条优质乡村振兴的特色道路。南丰全县现有龟鳖养殖公司 11 家、渔业专业合作社及家庭龟鳖养殖农场 77 家，原国家农业部水产健康养殖示范场 6 家。目前，南丰县龟鳖养殖面积达 2.3 万亩，种蛋种苗占全国市场份额的 40%，直接经济产值已经突破 20 亿元。

南丰县把做强龟鳖产业作为南丰农业的第二个"百亿"产业打造，制定并颁布了《南丰龟鳖产业百亿工程规划》，规划提出：2025 年，全县龟鳖类养殖户数 1500 户，参与户 3000 户，龟鳖产业总投入 20 亿元，池塘养殖面积 4 万亩，创立龟鳖深加工园区、市场交易中心和相关产业中心，创建龟鳖食品类、保健类、药用类品种品牌，打造南丰龟鳖产业百亿工程。不仅如此，南丰县还与中国科学院合作设立龟鳖养殖及相关技术的院士工作站，与南昌大学的"水产动物遗传育种与健康养殖"团队密切合作，开展了从甲鱼孵化到育种等全流程养殖科研合作。近年来，南丰县积极调优农业产业结构，通过政策扶持、创建品牌、开拓市场等措施，引导农民采取"公司＋基地＋农户""公司＋合作社＋农户"等模式，大力发展龟鳖特色养殖，实现创收增收。2017 年，南丰县还被中国渔业协会授予"中国龟鳖之乡"称号。太和镇龟鳖养殖规模位列全国龟鳖养殖乡镇之首，被授予"中国龟种良种第一镇"荣誉称号。太和镇（南丰县龟甲生态小镇）被列为江西第二批特色小镇。

3. 黎川香榧产业

香榧是中国最具特色的珍稀健康干果和木本油料树种，树龄可达千年，经济效益和生态效益良好。香榧是国家林业和草原局重点推广的经济林树种，主要在安徽、浙江、贵州等地推广。进入成熟期的香榧林平均每亩纯收入可达 1 万元以上。

由于香榧产业初期投资大，其间每亩需投入高达 1 万元以上，并且投入时间长，香榧从幼苗到挂果期要 15 年时间，进入丰产期则要 30 年时间，不仅需要耐心和远见，更离不开龙头企业带动。2012 年春，诚邀而来的浙江香榧产业最具竞争力的龙头企业——冠军集团经过两年实地考察，毅然决定在黎川投资 30 亿元建设 5 万亩香榧产业基地，并建成精深加工基地，打造香榧小镇，发展工业旅游和生态旅游。当年，冠军集团注册成立江西森冠农业发展有限公司。至今，森冠依托"公司＋合作社＋农户"模式建立的香榧基地达 2.1 万亩，其中 4000 多亩进入采摘期，一大批当地农民一边在基地务工学习技术，一边自己种植香榧，成为香榧合作社的主要力量。同时，黎川县确立了以岩泉林场古香榧种植群为中心的宏村镇、社苹、樟溪等 8 个乡镇的 12 个产业基地，且以改造残次林和低效林为主。在绿色发展中，黎川县的香榧产业还创造出有利于自然生态保护的"点穴栽种"，在自然林地选点打穴栽种香榧，使香榧林与自然生态融为一体。创新性地推出破解林地流转难题的"以地换树"方式，促进企业和林农利益共享。

黎川县伴随着首批香榧基地生态和经济效益的凸显，一批乡村能人首先流转山地建成香榧基地，成为激发全民力量做大做强香榧产业的强力引擎。为此，黎川因势利导，及时出台鼓励政策：县财政每年安排 350 万元香榧发展基金，给予种植户每亩 500 元奖励，县农业银行"惠农贷"每亩还提供 3000 元低息贷款支持。同时，为鼓励百姓在自家零星山地及房前屋后栽种香榧，县里按照 30 株折算 1 亩的办法给予支持。如此，香榧种植户不仅能得到县里的大力支持，还能得到省造林等各项政策性资金支持，大大减轻了农户香榧产业初期投入大而长的压力。

不仅如此，黎川县还成立香榧产业发展基金支持该县中小香榧企业的发展，在厚村乡，香榧企业还主动承担社会责任，并率先建成万亩香榧基地，栽种 10 棵香榧树，企业免费管护直到挂果，保证了种植户收益。同时，为融洽企农关系，减轻企业征山和管护香榧成本，县里投资百万元成立了 12 个香榧专业合作社，建立"农户＋合作社＋企业"机制，合作社通过为企业提供有偿服务而获得收益，并利用村集体土地发展香榧而增强村集体经济收入。未来，黎川县还将继续依托江西森冠农业发展有限公司等龙头企业，打好"黎川香榧"品牌，稳定发展香榧产业，加快香榧种植基地和精深加工基地以及科技创意园建设，优选香榧种苗，优化种植技术，延展香榧深加工产业链，形成香榧产业集群。通过大力开发黎川香榧，逐渐提高香榧质量、产量、种植规模，实现黎川香榧规模化生产、产业化经营。以开放的视野整合创新资源，提高香榧产业的技术研发能力，增强香榧产业的核心竞争力。培育香榧产品流通市场，适时建设香榧专业批发市场，促进香榧市场线上与线下协调互动发展。

4. 广昌白莲产业

广昌县位于江西省东南部，盛夏时节，广昌成为荷花的世界、荷花的海洋，正是"接天莲叶无穷碧，映日荷花别样红"最美好景象的呈现。因此，广昌也有"中国最美的田园风光"之称。说到广昌莲，很多人会在第一时间想起鼎鼎有名的太空莲。在全国莲业界，太空莲已经成为广昌莲的代名词。

广昌培育的"太空莲"品质更是独一无二，培育面积和产量均居全国县级城市的第一位。目前，广昌县已经成为全国最大的白莲科研中心、生产中心、集散中心和价格形成中心。广昌白莲品种繁多，有太空莲 36 号、58 号、1 号、2 号、3 号、4 号，京广 1 号、2 号、180 号，赣莲 62 号，建选 17 号、35 号、31 号和多个花莲、睡莲品种。广昌的白莲种植区域也广，在全县 11 个乡镇均有种植，尤以赤水、驿前、盱江、头陂、甘竹、千善等几个乡镇种植面积最多，其中驿前镇常年种植白莲约 1.8 万亩，是广昌白莲的核心主产区。

1984 年，广昌就成立了我国第一家子莲专门研究机构——广昌县白莲科学研究所。2006 年，广昌县专门又成立了白莲产业发展局。2009 年，新建了占地面积 180 多亩的广昌县莲花科技博览园，集白莲科研、白莲良种繁育、莲文化展示、白莲旅游观光、白莲科普教育为一体的莲花文化科技博览园。2012 年，广昌县组建全国首个省级子莲工程技术研究中心。2017 年，广昌县又组建了以方智远院士为首的全国首个子莲院士工作站，同年被原国家农业部列入国家"十三五"现代农业产业技术体系——特色蔬菜产业综合试验站，这也标志着广昌县白莲的科研实力已进入国家队行列。自 2012 年《若干意见》实施以来，依托科技创新平台先后组织开展了广昌白莲太空育种、离子注入法育种、杂交育种及栽培技术改良、病虫害绿色防控等全方位技术攻关，并取得了省科技进步一等奖、中华农业科技成果二等奖等一批科技成果，特别是子莲新品种选育方面处于国内领先水平。

近几年，广昌县先后组织实施了统筹财政支农资金整合、高标准农田建设等一批重大项目，集中整合各方资金，开展了以莲田水渠、田间道路等为主要内容的农田基本建设，仅 2018 年就整合涉农资金近 3 亿元，建设高标准农田近 6 万亩，白莲综合生产能力大幅提升。据相关数据统计，2018 年，广昌全县白莲种植面积11万亩，比《若干意见》出台以来增加3万亩，增长20%，全县白莲总产9000吨，总产值达7亿元，面积和产量均居全国县级榜首。同时，还带动广昌周边原赣南中央苏区如石城、宁都、于都等地种植面积达40余万亩，成为全国最大的通芯白莲产区，也是产区的主导产业和乡村振兴的主要抓手。目前，广昌县良种覆盖率达100%，主栽品种包括"太空莲36号"（俗称红花莲）、"建选17号"（俗称白花莲），特别是广昌县白莲局自主选育的"太空莲36号"，已经成为国内子莲种植的主栽品种，年推广种植面积达150万亩以上。由此，广昌县也成为全国最大的种苗输出中心，年销售量达8000万株。不仅如此，广昌还创建了全国首家广昌白莲绿色食品标准化原料生产基地，标准化生产实现了100%的全覆盖。

不仅如此，广昌县白莲产业还实现了二、三产业深度融合发展，实现"接二联三"的发展目标。在"接二"方面：目前，全县白莲系列产品企业有莲香食品、嘉新正食品、致纯食品、安正利康、连胜食品、菜单王等24余家，白莲经济合作社80余家，其中省市级农业产业化龙头企业5家。白莲系列产品的加工主要有以下几种：一是白莲的精深加工。主要产品有广昌通芯白莲、莲子汁、莲子露、莲子面条、莲子奶粉、莲子饼干、莲子保健品、莲子食品等。二是莲藕的精深加工。主要产品有莲藕粉、莲藕汁、藕粉面条等，其中莲香食品研发的红枣速溶藕粉和枸杞速溶藕粉等新产品荣获省级科研成果奖。目前，广昌县也是我国最大的莲藕粉生产基地，广昌藕粉产量约占全国藕粉产量的40%以上。广昌通芯白莲、藕粉等产品已经进入华润万家超市。三是荷叶的精深加工。主要产品有荷叶茶、荷叶茶饮料、莲OPC的提取等，江西安正利康生命科技有限公司是广昌县引进的一家研发莲OPC的企业，莲OPC是一种很强的天然抗氧化剂，它对医药、美容、保健有很大的作用，有非常好的发展前景。四是莲蓬、莲壳、莲梗的加工与处理。把废弃的莲蓬、莲壳、莲梗研碎加工成食用菌的原料，可培育成"凤尾菇"等菌类食品，全县有食用菌2.3亿筒。

在"联三"方面：广昌县大力发展"旅游+"模式。依托莲花生态优势，形成了以赏荷花、品鲜果、娱乐、餐饮等活动为载体的乡村旅游体系，打造了驿前莲花古镇、姚西莲花第一村、莲花科技博览园、赤水镇龙水村梯田莲花山、盱江桥头莲花港湾等全国江西省知名的莲景观旅游线、莲文化体验区、莲产品生产基地和莲文化精品地。其中，2017年驿前镇姚西村被列入国家最美乡村；2018年广昌县荷花旅游列入国家AAAA级景区；驿前镇还被住建部列入2017年全国第二批特色小镇建设试点。到2018年底，广昌县各类休闲农业经营企业已经超过30家，带动了广昌县新的消费热点，促进了莲农群众增收致富。据不完全统计，2018年全年接待游客100余万人次，实现营业收入4亿元。

广昌县的白莲品牌效益已经逐步凸显。广昌白莲获评中国名牌农产品称号，成为国家地理标志保护产品；获评2017年中国农产品区域公用100强品牌，最受消费者喜爱的中国农产品区域公用品牌等称号。全国首个绿色食品标准化原料基地已经通过了农业农村部续展认证，组建了广昌白莲质量安全检验检测中心，四家企业通过了国家质量安全可追溯体系第三方评估；组织相关企业参加全国展销会，在中央台黄金时段投入区域公用品种和企业广告，进一步做大、做强、做优"广昌白莲"品牌。未来，广昌县将继续推行"公司＋基地＋合作社＋农户"的发展方式，按照规模化种植、集约化经营的产业思路，大力发展白莲特色产业，推广优质白莲品种以及稻（莲）渔综合种养模式，鼓励建设优质白莲种植基地，培育白莲深加工龙头企业，提高莲藕、荷叶等利用率，推进白莲产业向精深加工发展。同时，大力开发莲文化，研发多种莲文化衍生产品，推动以白莲文化为主的休闲旅游业发展，促进白莲特色产业与一二三产业融合发展。

5.资溪白茶产业

资溪产茶历史悠久，尤其又以资溪白茶尤为出名，白茶除了含有其他茶叶固有的营养成分外，还含有人体所必需的活性酶，国内外医学研究证明长期饮用白茶可以显著提高体内脂肪酶活性，促进脂肪分解代谢，有效控制胰岛素分泌量，延缓葡萄糖的肠吸收，分解体内血液多余的糖分，促进血糖平衡。和绿茶、乌龙茶相比，白茶中茶多酚的含量较高，它是天然的抗氧化剂，可以起到提高免疫力和保护心血管等作用。此外，夏天经常喝白茶的人，很少中暑。专家认为，这是因为白茶富含多种氨基酸，其性寒凉，具有退热祛暑解毒之功效。白茶的杀菌效果也要强过绿茶。因此，资溪白茶美名享誉全国，获得"江西省著名商标""江西十大名茶"等桂冠，还被认定为国家地理标志的保护产品，无愧"绿茶之王"美誉。

近些年来，资溪县委、县政府认真贯彻落实科学发展观，牢固树立可持续发展理念，积极探索生态、经济、人与自然和谐发展之路，围绕"生态立县，绿色发展"战略，在农业上主攻特色，将资溪白茶产业不断做强做大，迄今全县白茶面积已近3万亩。资溪县香檀山茶业有限公司的"源之源"白茶、资溪县逸沁茶业有限公司的"出云峰"白茶分别获得第五届上海国际茶博会金奖和第五届中国国际茶博会金奖；"源之源"白茶、"白驹飞涧"白茶还荣获第八届"中茶杯"全国名优茶评比特等奖。梧怡庄园生态发展有限公司被中国茶叶学会认定为"第六批中国茶叶学会茶叶科技示范基地"。资溪县获得原江西省农业厅评选的全省"茶叶生产十强县"。"源之源"白茶、"出云峰"白茶分别通过国家有机产品认证。资溪县当地白茶产业的发展，带动中小茶企业的聚集，不仅为当地农民增收、增效，更是成为资溪县的又一张名片。

6. 崇仁麻鸡产业

崇仁麻鸡是江西四大名鸡之一，近年来，经过崇仁县科学的产业布局和建设，崇仁麻鸡已发展为崇仁县的支柱产业，是崇仁县的一张亮丽名片。目前，崇仁县已经有麻鸡加工企业6家、麻鸡专业合作社18家、省级麻鸡产业龙头企业2家、农业示范国家级麻鸡专业合作社1家、崇仁生态麻鸡养殖专业户2000余户，年均出栏优质崇仁生态麻鸡达8000余万只，年产值超过20亿元。

崇仁县自从2002年起就将麻鸡产业列为江西省的重点扶持和发展的农业产业。近些年来，崇仁县大力推广麻鸡生态养殖模式，积极推进崇仁麻鸡产业"接二连三"工程，以崇仁麻鸡养殖、加工为主，发挥崇仁国品麻鸡、天地缘龙头企业的带动作用，建立健全"散户+大户+专业合作社+基地+公司"的农工商一体化、产加销一条龙发展体系，形成麻鸡保种、扩繁、商品鸡养殖、销售、运输、服务于一体的产业链。把崇仁麻鸡产业形成从原种保护、种鸡繁育到商品鸡养殖，从鲜销为主逐步转变为屠宰加工、冷鲜上市为主，再到产品深加工的产销体系，延伸产业链，提高麻鸡产品附加值。仅2020年上半年，崇仁全县出栏麻鸡5000余万羽，优质麻鸡占95%，创产值10.12亿元。

不仅如此，崇仁县还通过实施"品牌提升"工程，出台了《崇仁麻鸡良种繁育体系建设工作方案》《崇仁县畜禽养殖禁养区、限养区、可养区划分调整方案》，强化原种保护，提升了麻鸡品质。通过实施"链条延伸"工程，建立健全"农户+专业合作社+龙头企业"产销一条龙发展体系，并与中国农科院哈尔滨兽医研究所、省农科院等科研院所合作攻关，研发新品。通过实施"扩面健身"工程，积极推行农超对接、农校对接、订单农业等，打造营销新模式。该县还通过举办江西崇仁麻鸡美食文化旅游节、崇仁麻鸡吉祥物及文创LOGO形象发布会、《崇仁麻鸡天下知》书刊首发式，并在中央电视台《回家吃饭》栏目展示麻鸡美食文化，扩大了崇仁麻鸡的知名度。开发有"麻鸡块""麻鸡酱""五香麻鸡""麻鸡酒"等多个系列多个品种的产品，其中有两

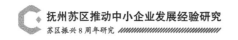

个产品还被认定为"绿色食品",五个产品被认定为"无公害产品",并在全国20多个省市建立了150多个崇仁麻鸡直销网络。

四、抚州金溪香精香料产业发展概况

金溪县这个美丽的县城地处风光宜人的江西东部、九曲蜿蜒的抚河之滨。长期以来,金溪以农耕文化延续千年文明,素以"赣抚粮仓"而闻名于世,曾荣获全国商品粮生产基地县、全国"三绿工程"示范县等称号。改革开放以来,金溪的特色产业如火如荼,引领县域经济蓬勃发展,带动了千家万户共同富裕。时至今日,金溪的经济版图上初步形成了香精香料、机电冶金、轻工纺织、食品加工、烟花爆竹五大产业,其中,香精香料产业更是异军突起,成为五大产业的领头羊,为金溪赢得"江西省香料产业基地"的称号。

说起金溪香料产业的发展历史,它最早起步于1996年,当时金溪县仅有一家天然香料厂,是本县的三个农民兄弟创办。经历七年的市场风雨,这家小厂逐渐成长,到了2003年,该厂已经发展成为年产值超过5000万元的大厂。2004年,金溪县委、县政府审时度势将金溪的香料产业作为全县的支柱产业来发展,开始对香精香料产业加大扶持力度,这使金溪县香精香料产业的发展开启了超速发展模式。当年,这家天然香料厂裂变为三家企业,且每家企业当年产值都超过了母厂,每家纳税超过100万元。同时,在当时全县财力较为紧张的前提下,金溪县财政每年还安排1000万元专项资金,专门用于扶持本地的香精香料产业,出台了一系列差异化扶持政策和奖励措施。措施主要包括香精香料企业若成功申办国家级、省级研发中心,质量检测中心,技术中心,国家专利的技术开发项目,或者开发国家、省级新产品,县财政一次性给予5万~30万元的奖励。对于年纳税超过200万元的香精香料企业,在享受其他企业同等税收奖励的情况下,再延长三年增值税地方留成部分50%的奖励。对自营出口创汇的香料企业,根据创汇金额给予1美元3~5分人民币的奖励等。至此,金溪县本土的三家企业实现产值、税收连年翻番。同时,北京、上海、江苏、浙江、福建等地客商也先后来金溪投资创业。

不仅如此,金溪县为了加快产业集群的速度,形成一定的产业规模和产业优势,朝着香料产业块状经济的方向快速发展,金溪强力推进产业招商:首先,对引进固定资产投资3000万元以上的香料企业项目,在企业投产之后,与固定资产投资5000万元以上项目享受相同优惠,并对招商引资有功人员奖励一名事业单位编制，如引资者为一般干部则提拔为副科，副科级提拔为正科，正科级推荐提拔。其次，对固定资产投资 3000 万元以上的香料企业，优先审批，优先供地，优先入园，并采取"一事一议"的办法在土地价格、技改贴息、融资担保和税收奖励方面给予更加优惠的政策支持。最后，实行驻点招商。金溪县专门组建香精香料产业招商小组，长期驻点江苏省、福建省、浙江省等地，充分利用金溪县天然芳樟醇和天然樟脑粉在市场中的垄断地位，着力引进产业相关的深加工企业入驻金溪发展。

当金溪香料声名远播，数十家香料企业向金溪集聚，金溪决策者适时对香料产业进行科学规划，相继出台了《关于推动香料香精产业跨越发展的五年规划》《全力推进香料香精产业快速发展的实施意见》等系列文件，明确了香料产业的发展目标、工作举措和实施意见。尤为重要的是，按照"高标准、高起点、高速度"的原则，金溪专门规划建设了一个 5000 亩的香精香料产业园，极大地夯实了承接平台，提高了香料产业项目的承接能力。2017 年，香料香精产业实现主营业务收入突破 100 亿元，又建立了首个香料香精产业博士工作站，蓝桉系列、天然茴香产品占据国内市场 1/3 以上份额。2018 年，金溪天然香料占国内市场 28%，金溪县香料香精企业多达 62 家，香料原料基地达 25.5 万亩，成为全国香料原料种植基地之一，天然芳樟醇、天然樟脑粉产量占全球 80%。2019 年以来，金溪县中小香精香料企业进入新的发展时期。中小香料企业产业聚集效应显现，实现主营业务收入 54.5 亿元，同比增长 10.1%；工业增加值 9.8 亿元，同比增长 8.05%；利润 2.15 亿元，同比增长 10.26%；税金 1.45 亿元，同比增长 6.62%；从业人员 4030 人，同比增长 1.26%。

未来，抚州市还将继续依托金溪县"全国最大天然香料产地和集散地"的比较优势，构建香料行业的竞争优势，推进建设省级香精香料产业基地和"世界香都"品牌。既要发挥比较优势，做大芳香产业，又要突破比较优势的束缚，构建香精香料行业的竞争优势。通过劳动者素质提高和技术进步，形成劳动和技术双密集型新的比较优势，从而提高出口产品和服务的附加值和竞争力。积极发展金溪香精香料等精细化工，力争超过江苏昆山，将金溪打造成全国最大的香料产业基地。

五、抚州黎川日用耐热陶瓷产业发展概况

黎川县是全国知名的耐热日用陶瓷产业生产基地，手工制陶历史甚至可以

追溯至上千年。黎川县现有陶瓷生产企业及陶瓷产业上下游配套中小企业共计百余家，陶瓷产品已经从单一粗陶制品发展到涉及陶瓷中高档的日用陶瓷、卫生洁具陶瓷、耐热炊具陶瓷、陈设艺术品陶瓷四大系列，陶瓷及相关产品的花色和品种更是多达 1800 多种，种类十分丰富。目前，黎川陶瓷产业已经拥有中国驰名商标两件，中国陶瓷洁具十大品牌产品一件，江西省名牌产品三件，江西省著名商标八件。黎川县有 12 家陶瓷生产企业通过了 ISO9000 国际质量体系的认证，25 个陶瓷产品荣获国家发明专利，耐热炊具瓷年产量已占到国内同质产量 60% 左右的份额，产品更是远销国外 50 多个国家和地区，受到国外市场的一致好评。而今，黎川县的陶瓷产业已经成功列入省级重点工业产业的发展集群。

黎川县围绕建设"百亿陶瓷"产业的发展目标，出台许多相关政策，帮助陶瓷产业链相关企业引进先进工艺装备，建立研发中心，与科研院所合作等，加快技术改造与企业升级的步伐，加快提升企业自主研发的能力。企业通过这些政策吸引和引进相关专业人才，大大地增强了企业核心竞争力，也促进了黎川陶瓷产业的整体转型升级。目前，黎川县已经建成 8 个工程技术研究中心，有 53 家企业与全国 36 所高校和科研机构开展了合作项目，数量多达 40 个。在合作共发展的理念指导下，先后培育了三个中国驰名商标、两个中国陶瓷品牌和四个江西著名品牌。不仅如此，黎川为了打造陶瓷发展新动力，还将陶瓷的文化内涵和品牌增值效应融入陶瓷产品当中，大力推进"陶瓷＋油画""陶瓷＋旅游""陶瓷＋互联网"等相关产业的创新融合，全县陶瓷生产及相关陶瓷产业配套企业数量多达 89 家，陶瓷相关产品品种多达 2000 多个。截至 2019 年 1~5 月统计数据，黎川陶瓷工业已经实现产值 17.5 亿元，纳税 6250 万元，同比分别增长 24% 和 25%。

未来，抚州市将继续依托现有黎川产业基础，利用黎川陶瓷工业园区内产业空间集聚的优势，合理配置生产要素，推动和形成具有产业基础、特色及优势的产业集群，延伸产业链，促进园区内产业集约化发展。结合国内外陶瓷产业发展趋势，统一产业规划，发挥抚州高新区聚集功能和辐射作用，提升黎川陶瓷产业竞争力，进一步提高黎川陶瓷产业的国内外知名度。

六、抚州崇仁变电设备产业发展概况

崇仁精心培育变电设备产业，全力做优国家新型工业化产业示范基地，力促园区经济平稳增长。规上企业累计完成工业总产值 63 亿元，同比增长 8.2%；主营业务收入 62 亿元，同比增长 6.5%；利润 3 亿元，同比增长 28%。

近年来，崇仁县大力实施工业强县发展战略，以创新为动力，打造变电产业"生态链"，实现变电产品"智能化"，不断壮大县域经济。在 20 世纪 60 年代末创办的江西变电设备总厂，历经数十年的发展，不仅成长为年主营业务收入达 4 亿元的变电龙头企业，而且还为崇仁县培养了大批的技术、销售、管理人才和熟练工人，形成了变电设备生产的"小环境"。这些年崇仁县委、县政府因势利导，引导资源、人才技术、资金等要素向变电设备产业和核心企业聚集，鼓励和扶持变电能人领头创办企业，对企业供地、用工、融资等提供有效支持。采取"一人一策"，引进能够带动产业扩张、优化、升级的高层次人才，积极开展变电设备研究开发，同时加大承接沿海产业转移力度，紧紧围绕变压器制造企业及相关配套产品生产企业进行招商，让生产超高压大容量变压器、箱式变压器、干式变压器等变电设备上下游产品的配套企业落户崇仁，不断完善崇仁变电设备产业链，丰富变电设备产品类型。同时崇仁县还加快变电设备产业转型步伐，推动崇仁"变电＋大数据""变电＋互联网""变电＋物联网""变电＋北斗产业"升级，突出以大数据、云计算、物联网与现代制造等产业的融合创新，变电产品实现"智能化"，全县变电设备产业走上了发展的快车道。

未来，抚州市将继续以"转方式、调结构"为主线，按照"高端、智能、节能、绿色"的原则，应用信息技术提高机械工业技术装备水平，采用高新技术和先进技术，调优调强现有优势传统产品，培育发展工业机器人，培植壮大龙头骨干企业，攻克一批产业共性关键技术和基础工艺。促进抚州地区的南城、乐安、东乡、宜黄等县区机电制造业的转型升级，促进中小企业的聚集发展。

第三节 抚州高新技术产业园介绍

一、抚州国家高新技术产业开发区

抚州的高新技术产业开发区原名抚州金巢经济开发区，成立于 1992 年 8 月，2012 年更名为抚州高新技术产业园区。2015 年 2 月，经国务院正式批准，抚州高新技术产业园区升级为国家高新区。抚州高新技术产业开发区已经获得了国家知识产权试点示范园、国家青年创业示范园、国家科技企业孵化器、国家创业孵化示范基地、国家精细化工高新技术产业化基地、省级生物产业基地，江西省省级汽车零部件产业基地和新型工业化产业（数字经济）基地等称号，并已经成为全省首批智能制造基地、省级开发区、生态工业园区和江西省首个金融支持实体经济省级示范区的荣誉称号。

目前，抚州高新区已经形成以新一代信息技术产业为首，以汽车及零部件产业、生物医药产业、新能源新材料产业为主导产业发展的布局，打造抚州高新技术开发区特色的"1+3"发展模式，形成了抚州产业新的发展格局。以投资120亿元的创世纪超算、45亿元的卓朗大数据为龙头的信息技术产业日新月异；以博雅生物、珍视明为首的生物医药产业发展迅猛；以大乘汽车、江铃底盘为首的汽车及零部件产业发展更在加速起飞，成为江西省重要的整车及汽车零部件生产基地；以铜博科技、德义半导体为首的新能源新材料产业发展也快速突破，填补了抚州市相关行业的市场空白。

截至2018年末，抚州高新区实现主营业务收入447.1亿元，同比增长12.3%，在江西省园区排名位列第17位；实现规模以上工业增加值增速9%，新增规模以上工业企业16户，新增企业总数位列抚州全市第一；完成固定资产投资110.1亿元，同比增长10.5%，其中工业投资83.5亿元，同比增长43.5%；工业用电量5亿千瓦时，同比增长34.7%，增幅位列抚州市第一；实现财政总收入21.15亿元，同比增长20%，增幅位列抚州市第一；实现外贸出口总额21.5亿美元，较2017年增长6.2%。实际利用外资8030万美元，较2017年增长13.7%。2018年，抚州高新技术开发区在全国169家国家级高新技术开发区综合评价排名中进入前100强，较2017年度前进9名，进位幅度全省第一，实现了连续三年的持续进位，江西省经济排头兵的作用进一步凸显。

二、省级赣闽合作产业园

赣闽合作产业园位于抚州市高新区南面，距离市区10千米，距离抚金高速收费站2千米，高新区崇岗镇和钟岭街道范围内，于2017年开始进行"三通一平"工程。根据江西省发展和改革委员会《关于印发赣闽产业合作示范区发展规划（2016—2030年）的通知》，赣闽合作产业园的开工建设意义重大。

众所周知，福建省是海西经济区的主体，在全国区域经济发展布局中处于重要位置。但我国东部沿海地区正受到要素成本上升、资源环境压力加大、周边国家竞争加剧等不利因素的影响，而中西部地区基础设施日趋完善，要素成本优势明显，内需市场广阔，发展潜力巨大。因此，赣闽合作产业园的建设是承接东部沿海地区产业转移、促进中西部地区产业升级的必然选择，也是抚州深化两省合作、提升对外开放水平的现实需要。抚州区位优势独特，是江西省连接海西经济区的桥梁和纽带。加强两省区域经济合作，促进区域经济一体化，有利于抚州接受海西经济区的辐射和带动，加快承接海西产业转移，促进外向型经济发展，增强要素集聚、科技创新、文化引领和综合服务功能。

所以，通过赣闽合作产业园加强两省间产业合作，使抚州能够承接来自沿海等发达地区的产业转移，可以进一步优化抚州地区的整体产业布局，扩大内需，促进就业，有利于激发内在潜力，拓展产业区域的纵向发展与延伸，增强抚州地区经济发展的后劲，实现江西、抚州地区经济健康稳定和可持续发展的目标。

三、省级乐安产业园

乐安产业园位于抚州市乐安县，1996 年 6 月乐安工业园区开始建设，当时的名字为"乐安县乡镇工业开发区"。2006 年 4 月，经批准"乐安工业园区"正式成立，初步形成了以县城为依托，以抚八线为纽带，策应抚吉和昌宁两条高速的"一园三区"发展格局（一园三区中的一园指的是乐安产业园，三区是指前坪工业区、厚发工业区、公溪工业区）。

前坪工业区：位于乐安县城西南面，规划面积 3.8 平方千米，规划用地面积约 2.38 平方千米，重点发展轻纺鞋服、食品加工等产业。自设立以来，先后引进了江西民康实业、江西宏富旺精密工业、江西信达、山高制药、三连制衣、龙发包袋、昌达有色等一大批重点企业，落户企业 64 家，其中规模以上企业 20 家。

厚发工业区：地处龚坊、山砀、湖溪三个乡镇交界处，距县城 15 千米，距即将新建的南昌—乐安—于都高速公路（山砀）互通出口 5 千米。厚发工业区总体规划面积为 1.5 万亩，规划建设"生物医药、新能源、机械电子、林产品精深加工"等产业发展板块。一期建设面积 6000 亩，已经完成基础设施投入 10 亿元以上，建成并完善园区综合服务和道路、供水、供电、住房、医院、学校、幼儿园、农贸市场等配套设施。目前正在重点完善园区内的交通路网、供水、供电、住房、污水处理厂和综合服务体等基础设施，推进中科丰林林业科技产业园和厚德电子信息科技园的建设，已经开工建设投资 3.5 亿元的丰林薄荷醇、投资 1.8 亿元的唯康电线电缆、投资 1 亿元的恒新塑制工艺品和投资 5000 万元的创奇塑业四个工业项目。

公溪工业区：公溪工业区位于公溪镇抚八线旁，距乐安县城约 40 千米，距江边村火车站约 3 千米，规划开发面积 3000 亩，以发展化工、金属制品等产业为主，江西聚才科技有限公司和江西仁瑾有限公司已正式投产。

第四节　抚州苏区重点企业发展概况

一、博雅生物制药集团股份有限公司

1993 年，博雅生物制药股份有限公司成立，业务涵盖血液制品及其他相关健康产品的研发、生产与销售。公司建有博士后科研工作站和院士工作站，拥有省级企业技术中心和江西省血液制品工程研究中心，属于国家高新技术企业。

2012 年 3 月 8 日，抚州博雅生物制药集团股份有限公司在深圳证券交易所创业板正式挂牌上市。抚州博雅生物制药集团股份有限公司曾荣获福布斯中文版 2013 年、2014 年中国潜力上市公司 100 强，2014 年中国上市公司创业板 50 强、2015 年中国最受投资者尊重的百强上市公司等荣誉称号。

抚州博雅生物制药集团股份有限公司的主要业务在血浆产品的研发与生产方面。目前，抚州博雅生物制药集团股份有限公司已经进入到了全国血液制品行业的第一梯队，拥有较强的研发能力，是血浆综合利用率高，血浆产品品种最多、规格最全的生产企业之一，在浆源拓展、生产工艺、质量管理及国际合作上竞争优势突出，综合实力居于血浆制品行业前列。

非血浆业务方面，通过产业投资整合，凭借成员企业在相关药物领域的独特优势平台，拓展糖尿病及其并发症药物，骨科、肠道、妇儿科、肝胆类治疗药物、高端抗感染药物业务，发挥整体协同优势。

二、江西迪比科股份有限公司

2013 年 2 月，江西迪比科股份有限公司成立，这是一家集研发、设计、制造和销售于一体的聚合物锂电池、动力电池产品的高科技生产企业。计划投资总额 80 亿元人民币，建设锂离子电池及动力电池生产线，全部投资后预计年产值达 100 亿元人民币。江西迪比科股份有限公司的企业愿景是建设"具有生命力的、持续发展的绿色智能高科技企业"。

目前，该公司主要产品有聚合物锂电池、动力电池、数码电池、移动电源、摄影器材、数据线等。尤其值得一提的是该公司现具有各项专利技术 219 项，研发制造的锂离子电池在国内外已经具有领先水平。现在该公司已经同宝洁、索尼、柯达、三星、金霸王、爱国者等国内外知名企业达成合作协议，为其提供相关电池配件产品，不仅如此，该公司的产品也已经得到了国际市场的认可，出口到欧洲、美国、日本等发达国家和地区。

三、江西森鸿科技股份有限公司

江西森鸿科技股份有限公司坐落在交通发达、物流便捷、闻名遐迩的"才子之乡"——抚州市高新开发区高新五路 999 号。由森松尼电子集团创始人魏沐春董事长积极倡导，以"抱团取暖、合作共赢"经营模式，联合广东多家电子龙头企业共同出资，于 2014 年 5 月在抚州创立。江西森鸿科技股份有限公司占地面积 551 亩，建筑面积 42 万平方米，总投资为 30 亿元人民币。江西森鸿科技股份有限公司主要生产智能通信、智能电子、智能穿戴、智能家居、新能源、LED 照明、航拍电子、VR 技术创新、游戏竞技等电子产品。产品辐射全国，远销东南亚、欧美各国。目前正与清华大学合作建设电子基部新材料研究中心，大力引进智能化博士及高学历、高技术人才。

四、江西珍视明药业有限公司

江西珍视明药业有限公司是上市公司浙江康恩贝制药股份有限公司的控股企业之一。江西珍视明药业有限公司占地 165 亩，投资近亿元，坐落在抚州市。江西珍视明药业有限公司先后获得江西省先进企业、抚州市十强企业等荣誉称号，2008 年，公司再次被认定为江西省高新技术企业并获得"江西省省级技术中心"的称号。按照国家制药企业的行业标准，江西珍视明药业有限公司已建成硬件设施齐全的新型现代园林式制药企业，是一家专业从事眼科医药研发、生产、销售的现代化制药企业。

江西珍视明药业有限公司的企业精神和文化是"点滴关爱、遍布全球"。在强大企业精神及文化的指引下，江西珍视明药业有限公司已经开发出了 40 多个品种的眼部适用药品，有 6 种产品进入国家基本药物目录，25 个产品进入国家医保产品目录。

五、江西省鸿远果业股份有限公司

江西省鸿远果业股份有限公司系民营企业，诞生于 1996 年，于 2004 年注册。公司现位于南丰县曾巩大道延伸段，占地面积 2 万平方米，公司拥有蜜桔生产基地 5 个，分别位于南丰县白舍镇望天村、桑田镇、付坊乡、市山镇、莱溪乡，总面积 4000 多亩，已同 1 万余户农民签订购销合同，带动上万家桔户共同富裕。

1996 年，在南丰蜜橘销售困难期间，公司响应政府号召，大胆创新，改变历年来蜜橘仅往北上销售的思路，带着 200 竹篓蜜橘到深圳，进入我国香港市场，打响了南方销售蜜橘的第一炮，然后通过我国香港的贸易平台，逐步走向东南亚市场，为南丰蜜橘在东南亚的销售开创了先河。

江西省鸿远果业股份有限公司凭着自己的诚信和整个团队的优质服务，在全国和东南亚等地区建立了一个非常广泛和坚固的销售渠道，并与法国家乐福、美国沃尔玛、我国香港惠康等大型国际超市建立了良好的贸易关系。2009 年，公司与华润万家合作，通过华润万家 2800 多家门店，江西省鸿远果业股份有限公司打通了南丰蜜橘从果园走进千万百姓家中的通道，打响了"农超对接"第一炮。2016 年公司与中国科学技术大学赵其国院士合作研发的富硒蜜橘，深受消费者的喜爱，并于 2017 年 11 月成功进入盒马鲜生线上线下销售系统进行销售。2017 年公司产品南丰蜜橘的广告在中央电视台第一频道新闻联播前 30 秒展播一个月。

在蜜橘出口贸易方面，江西省鸿远果业股份有限公司一直占有高额的市场份额，出口国家有俄罗斯、加拿大、菲律宾、斯里兰卡、泰国、迪拜、哈萨克斯坦等 30 多个国家和地区，在国际市场上享有很高的声誉。并且销售量每年按 20% 递增，截至 2017 年，年销售量达 500 多条集装箱货柜，年流通能力近

1.6 万吨。随着销量的不断扩大，生产已满足不了市场需求，2010 年公司购置了一台引用了德国先进技术、价值 100 多万元的南丰蜜橘光电选果机，使公司进入了更加规范化、规模化的生产经营。江西省鸿远果业股份有限公司采取生产、科研、技术推广、加工和销售为一体的管理模式，从南丰蜜橘的种植到加工生产都严格按照欧盟"GLOBAL GAP"质量管理体系，对生产的全过程实施科学化、规范化管理，从而确保产品质量的健康安全。

2005 年，江西省鸿远果业股份有限公司基地取得了商检备案，2006 年荣获"无公害农产品证书""绿色食品证书"，2007 年喜获"GAP"证书、ISO9001 证书，2008 年又获得了"有机食品"证书。2010 年公司良种繁育基地获得了"GLOBAL GAP"认证。2006 年被授予"市级龙头企业"；2008 年被授予"守合同重信用 AA 单位"；2011 年荣获"优秀产业化龙头企业"和"先进私营企业"，并连年被评为"南丰蜜橘销售大户"；2012~2015 年，荣获"省级龙头企业""江西省名牌农产品"；2013 年，公司良繁基地获南丰蜜橘擂台赛精品"优质示范园"，并荣获"江西名牌产品"，2015 年，公司良繁基地获南丰蜜橘品质擂台赛精品橘园金奖，2015 年 12 月公司荣获"江西省专精特新中小企业""省级龙头企业"；2016 年，公司"果劲"品牌荣获第十四届中国国际农产品交易会参展农产品金奖。

多年来，江西省鸿远果业股份有限公司在以人为本、质量求胜、发展创新的生产经营理念指导和全体员工的共同努力下，通过应用科学的种植技术和执行严格的管理，确保出货产品合格率100%，公司产品在海外市场上深受欢迎，获得了良好的社会效益和经济效益。

第六章

抚州苏区促进中小企业发展的思路剖析

　　抚州市未来的发展将按照"十三五"规划及"一核、两带、四区"总体战略规划部署要求进行布局。其中，"一核、两带、四区"中的"一核"是指核心增长极，它是抚州市未来发展新的动力引擎。抚州的核心增长极包括抚州的高新区、临川区、东乡区、南城县、金溪县和崇仁县，上述这些地区的经济发展总量已经占据了抚州全市经济发展总量和的一半还要多。这些地区不论从其区域空间来看，还是从其产业基础来说，甚至从自然资源禀赋等各方面来讲，在未来都具备巨大的经济增长空间，是抚州市未来发展新的动力引擎。目前，抚州市的总体发展战略的第一步就是先集聚一切力量，把这一核心增长极做大做强，使这一核心增长极能够成为传统产业转型升级、高新技术产业集聚和战略性新兴产业蓬勃发展的高地，从而带动抚州市其他地区的相关产业及中小企业的快速发展。

　　"一核、两带、四区"中的"两带"，即抚河流域生态文明示范带和向莆铁路经济带。通过两带的发展给抚州市未来的中小企业孕育出无限发展新机遇。未来抚州市将大力围绕抚河流域生态文明示范带建设，抚河流域覆盖了抚州市的11个县（区），占到抚州市总区域面积的82.9%，占全市总GDP的95%以上。抚州将通过抚河流域生态文明示范带的建设深化该流域区域间合作，促进国家级和省级战略的有效实施，努力走出一条具有抚州发展特色的新道路。此外，抚河流域生态文明示范带的建设还将借助穿越赣闽两省腹地的向莆铁路，建设向莆铁路沿线发展经济带，进一步深化和完善抚州市的产业战略发展布局，带动沿线企业尤其是中小企业的聚集发展，在向莆铁路沿线形成聚集发展的态势。

　　"一核、两带、四区"中的"四区"是指昌抚合作示范区、赣闽产业合作示范区、海西综合物流示范区、现代信息产业示范区。根据抚州市的总体发展战略，就是要让"四区"的发展形成合力，构筑起抚州未来发展新动能。一是"四区"中的昌抚合作示范区建设。按照江西省发展规划中大南昌都市圈重要支撑的发展要求，大力推进机场、城际铁路、高铁、特高压输变电工程为主的重点工程建设工作；充分发挥抚州市在生态、文化、教育、旅游等方面的优势，着力发展基于抚州特色的文化生态旅游产业、康养大健康产业等，把抚州打造成为大南昌都市圈的"后花园"，带动两地相关产业及中小企业的快速发展。二是"四区"中的赣闽产业合作示范区建设。借助向莆铁路和福银高速等便捷交通的优势，以抚州市高新区为产业发展龙头，辐射沿线县区工业园区，带动生物医药产业、机电电机产业、汽车及零部件产业的快速发展，并形成沿线中小配套企业的聚集发展。三是"四区"中的海西综合物流示范区建设。未来抚州市将大力推进向莆铁路铁海联运货运班列建设，使中欧货运集装箱班列运行趋于常态化，加快抚州的海关、商检、通关一体化等基础设施建设步伐，为抚州营造更好的产业发展环境。四是"四区"中的现代信息产业示范区建设。抚州市未来还将着力提升在云计算、云物联、人工智能、大数据、电子信息等数字信息产业的发展速度，形成一批基于数字信息化的重要产业基地和龙头企业，吸引更多的数字型中小企业的聚集发展，使抚州成为江西数字信息化发展的高地。

第一节　人才仍是一切发展的关键

人才仍是未来经济发展的原动力，抚州市很早就意识到人才对于经济、企业发展的重要作用。为此，早在 2016 年，抚州就大力开展了以鼓励人才返乡创业的"双返双创"活动，推动抚商返乡创业，才子返乡创新，此举为加快抚州发展注入了强劲人才动力。据相关数据统计，截至 2017 年末，抚州市各单位共走访外地重点企业和优秀人才 6409 人次，举办"双返双创"座谈会 418 场，参会总人数达到 15014 人，接受外国商会组织的调研活动 204 批次。上述努力直接带来海外企业家在抚州投资 2000 万元以上的项目增至 279 个，占到抚州全市落户项目的 38.1%，总投资更是达到 721.4 亿元。直接引进高端人才 427 人，博士 109 人、硕士 190 人、高级工程师 21 人、副教授 73 人。主要发展思路包括：

首先，抚州市高度重视拓宽人才服务渠道，全方位集聚人才的创业创新力量。深化与各著名大学开展科技、人才的战略性合作，包括清华大学、美国休斯敦医学院、北京大学等。如 2018 年抚州市政府就和中科院在智慧城市发展、健康城市规划、循环经济产业园建设、乡镇污水处理等十个方面达成科技与人才的项目合作。

其次，积极为青年创客、大学生创业群体等提供创新创业平台，引导创新创业的大众创新空间的发展。目前，抚州市工业企业孵化基地 13 个，总建筑面积 30 多万平方米。其中，抚州高新区中小企业孵化基地已建成 83 个，2016 年已经被国家人力资源和社会保障部确定为第三批国家级企业孵化示范基地。由江西天势有限公司创办的"一杯众创空间"还被评为省级优秀创客空间孵化器，获得了市财政 80 万元奖励和补贴。不仅如此，抚州市还在中小企业融资方面，积极探索创新担保方式，简化审批手续，优化审批服务。2016~2017 年，抚州市发放创业担保贷款 20 多亿元，直接扶持近 1.6 万人创业，带动就业近 8 万人。

最后，抚州市政府还积极搭建各种人才交流合作平台，提升抚州市各个行业人才的创新创业能力。按照"不求所有、但求所用"的人才战略实施原则，抚州市大力加强与两院院士、长江学者等高端人才的合作频率，达到"借脑"快速发展的目标。例如，抚州市政府聘请了诺贝尔化学奖得主、美国普渡大学的特聘教授根岸英一（Ei-ichi Negishi）及中国"两院"院士等十多人担任市政府的科技顾问，柔性引进高端人才 300 多名；成立相关行业的研发机构并加快推动与各著名高校、科研院所等单位的项目合作，提高本地企业或行业的技术创新能力，加快新产品开发的速度，推动产业链的向外延展。2017 年，抚州市新增国家级企业技术研究中心 1 个、省级工程技术研究中心 6 个、省级智能制造试点示范基地 5 个、院士工作站 9 个，新增率居江西省第一。同时，抚州市的企业协同创新能力也达到新水平，据统计抚州各类企业已经与国内外200 多所高校、科研机构和企业开展了科技合作，全市 466 家企业已经与全国472 所高校、科研院所、智库等建立了合作关系，共同设立企业研发机构 87个。目前，抚州获国家知识产权优势企业的总数已经在江西省设区市中排名第一，抚州拥有 5 个国家知识产权项目试点县（区），在江西省市、区中排名第一。2017 年，抚州市专利申请量就提升至 5616 件，同比增长 44.9%；专利授权量达 2819 件，同比增长 44.6%。

抚州以人才建设为先导，以新技术、新业态、新模式、新产业为核心，培育壮大新兴的发展动力，加快新旧发展动能转换。得益于抚州市人才战略的有效实施，抚州市目前的现代物流、信息等战略性新兴产业、休闲旅游、健康养老、中医药等产业已经呈现出来非常良好的发展势头，形成了强大的聚集效应。例如，抚州籍企业家曲店集团创始人在抚州投资成立江西快乐时代科技有限公司，带来了强大的聚集效应，吸引了一批互联网金融企业成功落户抚州，带动了相关产业的快速发展，形成了强大的产业集聚效应。据统计，目前抚州全市新引进互联网金融企业、网络媒体等企业多达 100 多家，实现营业收入 100 多亿元。今后，抚州市还将继续大力推出以"抚商返乡创业、才子返乡创新"为主题的"双返双创"活动，扩大抚州市创新创业的"朋友圈"，吸引更多优秀专业型人才、技术型人才来抚州创新创业。继续鼓励抚州本地企业同高校、科研院所等研究性单位、机构加强技术合作，实现中小企业的转型升级，向着高精尖技术的方向迈进，实现抚州未来社会经济的高质量发展目标。

案例：创新人才招聘形式——抚州的"人才夜市"

逛街还可以找工作？晚上还有招聘会？2019 年 5 月 24 日晚，抚州万象新城广场灯火通明，人来人往，由抚州市人力资源和社会保障局主办，抚州市劳动就业服务局和抚州市人才服务中心协办，抚州市人力资源市场和江西赣东人才市场承办的抚州市首场夜间公益性专场招聘会在万象新城广场举行。此次抚州市的"人才夜市"招聘会共吸引多达 55 家企业参会，为本次专场招聘会提供了多达 2000 多个就业岗位，岗位涉及各个行业、各个专业，有日用百货、广告传媒、商超零售、中医药、机械电机、电子商务、财管会计、食品加工、农业生产、纺织贸易等众多领域，仅仅一个晚上就有 176 余人达成就业意向，效率之高超乎想象。

抚州市的"人才夜市"这种招聘模式不仅能使用人单位和各类专业型人才白天正常工作，不影响企业生产与员工上班，由于是晚上招聘，还能够轻松人才招聘时的招聘气氛，使得用人企业和专业型人才能够在更加轻松的气氛中了解彼此，使企业更容易挑选到合适的人才。因此，这种"人才夜市"的人才招聘模式深受用人单位和求职者好评。同时，"人才夜市"招聘会的相关岗位信息也会提前在"抚州人才服务"的微信公众号、抚州市人才网、抚州市人才大厦招聘墙等处发布，大大优化了人才招聘的流程，简化了人才招聘的程序，提高了人才招聘的效率，获得了招聘企业及求职者的青睐，给企业的人才招聘提供了更加多样化的选择。

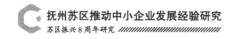
第二节　生态环境是吸引中小企业聚集的前提

"绿水青山就是金山银山"，绿色、生态是抚州市最大的财富，在传统的拼资源、比消耗的经济增长与发展模式中，抚州市的优势并不明显。然而，在新一轮由绿色经济带动下的发展浪潮中，抚州市良好的生态环境给抚州未来带来巨大的发展空间和赶超的潜力。"南昌远郊、海西近邻"让抚州具有了得天独厚的区位优势和生态特色，全长312千米的抚河贯穿抚州全境。2015年，在中国标准化研究院评选的中国大陆城市"氧吧"前50强名单中，抚州市名列第一。

2015年8月，抚州市首次提出了以"绿色崛起、跨越发展"为主要目标的绿色发展战略，吹响了抚州生态文明建设的号角；2016年，抚州市第四次党代会提出要努力把抚州建设成为全省生态文明先行示范市，打造美丽的江西"抚州样板"。2016年，《抚州市生态文明先行示范市建设实施方案》（以下简称《实施方案》）正式得到上级的批复，按照《实施方案》中先行示范市建设的规划要求，抚州市启动了总投资为1680亿元的抚河流域生态保护与综合治理工程。其中，一期工程启动建设温泉生态文明样板区和文昌里历史文化街区的建设，总投资370亿元，助推绿色崛起。此外，抚州还在全省率先实施封山育林；深入开展"净空、净水、净土"行动；中心城区投资16亿元，打造国家历史文化名城；在抚河沿岸6县区打造36个特色村镇。通过努力抚州将探索出一批可操作、可复制、可扩展的制度，努力打造出国家绿色生活品牌的城市名片。

一、临川区生态观光聚"绿色财富"

抚州临川区的昌抚态何源田园综合体农业示范园是抚州市发展生态观光农业的典型代表。该项目位于临川区罗针镇，占地437亩，由江西态何源农业发展有限公司投资4000多万元倾力打造。2017年，昌抚态何源田园综合体农业示范园项目开始筹建，通过"精英智慧型农业"发展新模式，打造出具有循环型、有机型、生态型、经济型、产业型、特色型现代农业，发展特色显著。

目前昌抚态何源田园综合体农业示范园项目已建成 100 亩的连片大棚、337 亩的露天养殖池，年小龙虾产量 15 万斤、大闸蟹产量 10 万只，同时项目还引进了 26 种果树的种植，进一步地提升了经济效益。昌抚态何源田园综合体农业示范园项目采用目前最先进的生态化养殖技术，不仅保证了养殖产品的质量，还提升了养殖产品的口感及附加经济价值，同时还吸引了众多观光游客前来体验消费，经济连带效应显著。昌抚态何源田园综合体农业示范园项目吸引了大批周边中小养殖企业前来学习生态养殖技术，带动了当地中小农业企业的发展，促进了当地农业企业的技术升级。主要经验概括起来包括以下三个方面：

一是打破地域的限制，打造现代特色农业。昌抚态何源田园综合体农业示范园内建造了一批"双棚双膜"的高标准温室，得益于高标准温室的建设，很多高纬度才能种植的热带水果在园内也能种植，打破了热带水果种植的地域限制，并结合现代的喷滴灌技术、生物防虫技术、物理驱虫技术增加热带水果的产量。目前，昌抚态何源田园综合体农业示范园已引进的热带水果包括塞舌尔的番木瓜、法国的百香果、泰国的四季龙眼、澳大利亚的凯特芒果、日本的牛奶草莓等多个国外知名品种的水果，创造了非常好的经济效益。

二是实现三禁零排，打造生态循环农业。"三禁"即禁止使用农药、禁止使用化肥、禁止使用饲料，用相关香料或中草药替代农药的驱虫害功效，由水草等替代传统化肥促进农作物的生长，由紫薯粒、玉米粒等代替人工合成饲料喂养大闸蟹、虾鱼等。"零排"是指所有水源全部实现水草的充分回收和净化，达到国家饮用水源标准，真正实现零污染。众所周知，在传统水产养殖中，水体中的蓝绿藻对鱼类的生长有很大的影响，而昌抚态何源田园综合体农业示范园的新技术是利用食藻虫能够吃蓝绿藻的特性，再养殖水域中先放入食藻虫，食藻虫吃蓝藻，鱼再吃食藻虫，打通了蓝绿藻、食藻虫、鱼三者之间的食物链，达到零排放增产增收的目的。

三是提高农业生产附加值，打造立体高效农业。抚州临川区的昌抚态何源田园综合体农业示范园里不仅有诸如法国的百香果、塞舌尔的番木瓜、泰国的四季龙眼等南果北移热带水果，在园区的养殖基地里，还可以清楚地看见水中的小龙虾、大闸蟹、金鳟鱼等经济水产。抚州市临川区的农业示范园项目坚持农业的可持续发展，采用先期对水质、土壤进行治理，依托于稻基鱼塘、桑基鱼塘及果基鱼塘的传统精细农业模式，衍生出虾稻共作、蟹稻共作、稻鱼虾草及果鱼虾草共生系统等新型全生态链发展模式（水中养虾、蟹，岸上种水稻、蔬菜、果树，实现种养结合集成技术，最大化的土地空间利用率，提高亩产量，同时保证产品品质，大大增加亩产效益）。该模式水陆一体，充分利用空间和资源，形成循环立体产业发展模式。随着生产环节日趋稳定，经济效益日益增长，预计未来将产生非常可观的经济效益。

截至目前，抚州市临川区已初步建成以昌抚态何源田园综合体农业示范园、龙鑫生态农业示范园、灵隐山农业示范园、仙盖山农业示范园等现代观光农业示范园，涉及中药材种植、优质粮食、畜禽养殖、蔬菜种植、水产养殖、花卉栽培、瓜果种植七大农业特色产业，吸引大量相关农业型中小企业的聚集发展，农业产业聚集效应显著。2018 年，抚州市临川区七大农业特色产业的年产值达 58 亿元，占整个临川全区农业总产值 79% 以上，同时旅游观光人数 30 万人以上，实现旅游收入 2 亿多元，现代生态农业发展新模式给抚州临川区的农业经济带来巨大的发展活力。

二、金溪县坚守生态红线激活"美丽经济"

金溪县素有"一城山水半城碧"的美誉。近年来，金溪县凭借着自然资源优势着力发展地方特色生态农业，以高标准农田建设为基础，建立了金溪县观光休闲农业示范区、金溪天然香料原料林示范区、金溪优质粮食高产示范区、金溪特色蔬菜种植示范区、金溪特种水产养殖示范区、金溪生态茶园等多个现代农业示范区，示范区的建设带动了当地大量农业中小企业及种养殖户的发展热情，涌现出了一批卓有成效的优质中小型农业企业。同时金溪县为了提高农业产品的绿色属性及附加价值，适时出台农业标准化技术操作要领和规程，在全县大力推广使用有机化肥，拒绝使用无机化肥的活动，大大提高了金溪县农产品的市场竞争力，提高了农产品的附加价值。目前，金溪县的生态、无公害绿色农产品基地建设面积已达 100 多万亩，其中蜜梨、黄栀子还荣获国家地理标志保护产品的荣誉称号。不仅如此，金溪县铭记"绿水青山就是金山银山"的可持续发展理念，为了更好地保护当地生态环境，营造更好的生态投资环境，该县还建设了高标准的生态高新产业园，坚持理性招商，规定亩均年纳税低于 5 万元的不引进、环保不达标的不引进、技术设备落后的不引进的"三不引"原则，此举不但没有减少引进企业的数量，还正是由于此举很多优质企业更加看重当地的生态营商氛围纷纷前来入驻。自 2018 年以来，金溪县已经累计吸引、引进 25 个投资亿元以上的高科技生态工业项目,启动了绿色低碳循环发展模式,走出了地方社会经济发展、人民生活富裕、当地生态环境良好的文明发展道路。

一是加大环境保护与执法力度。今年以来,已派出 400 多名执法人员,对三个单位的环境违法行为进行行政处罚。在县工业园区的规划过程中,金溪县政府要求尽量依托原地貌,科学设计落差,保持原完整植被。并且要求配备废气监测装置,对园区内的企业进行 24 小时排放监测,使园区环境治理更加精准有效。同时,金溪县委县政府还在全县开展了工业园区污染整治工作,对造成环境污染违法违规的企业责令其停产整顿,并追究企业相关责任人的责任。

二是创新机制保护一方绿色。洛河村与抚河沿岸曾有多处非法采砂点,造成河床下切,影响防洪安全,破坏水域环境。该县以实施河长制为契机,加大执法检查力度,重点整治长期未改的非法采砂点水域,加大检查执法力度,有效遏制非法采砂势头。此外,该县还建立了山长制、林长制等制度,加强对绿水和青山的保护。

良好的生态环境给人民带来了舒适的生活环境,也促进了企业的聚集和城市发展,带来了社会进步。金溪县坚持绿色发展理念,先后建成"5321"的城市生态系统,包括五个公园、三个广场、生态贸易走廊、生态教育园区等。香谷小镇总面积 4300 亩,已成为生态旅游示范点,带动了众多相关中小企业的繁荣发展。仅 2019 年上半年,金溪县的旅游产业就已接待游客达 230 万人次,实现旅游综合收入 9 亿元,增长 39.5%。

第三节　营商环境是促使中小企业兴旺的基础

抚州以改革开放 40 周年为动力,大力实施"融入南昌、对接海西、振兴苏区"的发展战略,加快向莆经济带的建设与产业发展布局,着力把抚州打造成为江西最便捷的出海通道,给抚州市营造了良好的营商环境,吸引了大批的投资商入驻,使中小企业如雨后春笋般大量涌现。其主要思路包括以下三个方面:

一是切实推动本地的干部队伍作风建设。针对干部作风中最容易出现的

"怕、慢、假、庸、散"的问题，抚州市还适时启动了第二轮"服务最差窗口"评选活动，开展有针对性的大扫除、大整顿活动，狠抓干部队伍的服务意识，得到了广大抚州市民的一致肯定。

二是抚州市加快行政审批制度改革。着力推进审批服务化便民化，推行并联审批、容缺审批、模拟审批等举措，打造政策最优、成本最低、服务最好、办事最快的"四最"营商环境，建设忠诚型、创新型、担当型、服务型、过硬型"五型"政府。开展"信息通、市场通、法规通、配套通、物流通、资金通、人才通、技术通、服务通+双创平台"的"新九通一平"建设，打造宜居宜业宜创的升级版投资环境。

三是抚州市还积极转变社会治理方式。创新社会治理模式，完善纠纷调解运行机制，细化纠纷调解中心的工作职能，充分发挥抚州市"红白理事会"等民间组织的力量，推进抚州市区的乡镇网格化建设进程与管理力度，着力打造"天上一张网、地下一网格、后台一团队"的社会治理新模式，为优化本地的营商环境做出了积极的努力，获得了广大群众及本地中小企业的广泛好评，极大地优化了本地的营商环境。

一、减税红包让抚州营商环境更优

为优化抚州当地的营商环境，切实减轻中小企业的经营负担，培育中小企业创新发展势头，抚州市地方税务局积极推进"放管服"改革，响应"降成本、优环境"专项行动，实施税收优惠政策。对企业所得税减免、重点群体就业促进等实行先处理后审查的原则。同时，积极加强限时结算管理，对纳税人提出的意见和建议必须迅速做出回应，推进首问责任、预约纳税、延迟服务等便民服务措施的实施。按政策类型建立税收优惠企业管理台账，定期监督税收优惠政策执行情况，将减免税执行情况列入绩效分级考核，打通政策执行的"最后一公里"。

不仅如此，抚州市地方税务局还积极树立"落实税收优惠政策就是助推经济发展"的理念，严格执行"四个坚决"，落实地方税收各项结构性减税政策。救助项目涉及促进小微企业发展、鼓励企业高新技术创新、设备的节能环保改造、中小企业转型升级、改善民生等11个重大项目和58个小项目，极大地优化了抚州市的整体营商环境。优质的营商环境吸引了大批中小企业的聚集，给抚州市未来的发展带来了源源不断的动力。

二、临川区优化营商环境给中小企业发展增后劲

近些年来，为了给中小企业营造良好的企业发展环境，抚州市临川区采取了一系列有效措施，把"降低企业成本、优化发展环境"作为推进工业项目的重中之重，通过多部门的共同努力，营造更加适合企业发展的营商环境，给企业的发展增加动力。临川区为此还专门成立了企业"降低成本、优化环境"领导小组，从税收、用能、用地、融资、就业等方面都出台了针对性的政策，强调政策的执行，相关政策多达48项。同时，积极了解企业在经营发展过程中所面临的困难和问题，派专人对企业的运营情况进行实时监测，调查企业满意度，认真评价政策执行与落实情况，帮助企业明确或争取优惠政策。

资金是企业发展过程中的核心要素，为帮助企业解决融资难题，抚州市临川区积极推进财园信贷通、财政惠农信贷通、助保贷等金融服务，加大对企业尤其是中小企业的融资支持力度。例如，中科跃鸣科技有限公司由于需要增加高科技设备，对企业实施科技化升级改造，出现资金周转困难。园区干部及时了解情况，帮忙与银行进行沟通，快速帮助该企业解决了资金问题。据悉，目前该开发区已与工行、建行等大型金融机构签订合作协议，为该区企业提供贷款服务。截至2019年1~9月，全区共帮助30多家企业，发放企业贷款超过1亿元。

除了资金问题，一些企业在招聘中也会遇到困难。区招商局会同宣传部门和乡镇，在电视、手机报、微信等平台上开设"企业招聘"专栏、选拔干部义务成为企业招聘人员、举办企业用工专场招聘会，全力帮助中小企业解决用工上的需求。同时，随着工业园区入驻企业的增加，为了优化营商环境，给园区员工上下班出行带来方便，园区管委会和公交公司多次协调，开通员工上下班的公交专线，并预留20多亩土地建设了公交停车场，彻底解决了员工的后顾之忧。

不仅如此，园区还选派干部到重点企业蹲点解决困难。例如，在园区干部蹲点与积极协调下，银涛药业于2019年减税金额就达300万元以上，包括用电量和职工教育经费在内的各项费用，累计减少400万元以上，为企业发展带来了真金白银，给企业带来了实实在在的税费优惠。同时，与市、区有关政策相比，在同等质量、同等价格的条件下，抚州政府还积极引导企业的产品进入地方市场，仅此一举，每年又为该企业增加销售收入1000万元，实现税收120万元。与银涛药业一样，在园区干部们的积极努力下，区内100多家企

业充分利用国家和省、市、区的政策红利，提高科技含量，加强企业管理，实现技术升级转型，增强中小企业发展的后劲，营造了良好的财兴人旺的发展环境。

三、黎川四大政策减轻中小企业负担，营造良好营商环境

黎川县财政局立足县域经济发展现状，深入贯彻落实中央各种财政政策、扎实做好各项财政工作，减轻企业负担，保障县域实体企业发展，为企业发展出谋划策保驾护航，为县经济发展做好服务。

（1）设立发展基金，保障重要产业发展。设立工业、旅游产业、油画产业、香榧产业等发展引导扶持基金2.2亿元，大力支持各项产业加快发展。

（2）畅通企业融资渠道。助力9户企业获得融资贷款4525万元，为17户企业提供搭桥资金8018万元；并筹集5000万元，成立县担保公司为黎川县优质企业提供担保服务，缓解企业融资难题。

（3）多举措加强小微企业信贷供给。截至2019年6月底，黎川县为小微企业贷款额达5716万元，其中个体户贷款3116万元，小微企业贷款2600万元。财政银行贴息243.91万元。

（4）全面落实增值税、留抵税额退税政策，减轻企业负担，激发企业发展活力。严格执行涉企财税优惠政策，积极落实好各项减税降费政策措施，切实减轻企业负担，大力实施积极财政政策并加力提效，支持实体经济平稳健康发展。目前已累计减税1.1亿元。

第四节　突出中高端产业，壮实体经济发展

中高端产业的发展是带动未来城市发展的核心动力。抚州市中高端产业的发展力争以创世纪超算中心为龙头带动数字经济产业的发展；以博雅生物为龙头带动生物医药产业的发展；以铜博科技、金品铜科、迪比科、海利科技为龙头带动新能源新材料产业的发展；以大乘汽车为龙头带动汽车及零部件产业的

发展。同时，大力推进文化与旅游深度融合，带动文化旅游等相关产业的发展，以建昌帮、盱江医学带动中医药文化产业的发展。

一、临川区多方打造高质量发展"动力源"

抚州市临川区着力打造高质量发展的"动力源"。进入抚州临川区工业园区里面，到处都能看到火热的劳动场面，不少企业正在加紧设备安装，争取早日开工建设。随着抚州市临川区高质量"动力源"打造的深入，截至2019年第一季度统计数据，抚州市临川区财政总收入8.4亿元，工业园区主营业务收入35.2亿元，上缴税金2.2亿元，取得了喜人的发展成绩。

一是狠抓项目发展与推进。项目是经济发展的关键，为此抚州市临川区下发《关于进一步加强服务工业企业的实施意见》，积极推进实施"最多跑一次"改革，加快各类项目办证审批进度，要求限时办结，并且实行全过程代理负责制，各部门都指派专人与代办人员做好项目对接工作，由代办人员一站式负责代办项目所有的审批事项。同时，加快企业升级转型的步伐，提高科技含量，增强企业自身竞争力，在区财力相对紧张的情况下，全区科技创新财政投入仍在逐年增加，帮助全区企业转型升级。例如，2018年，园区内富创科技、自立铜业、银涛药业等一批重点企业的技术改造项目顺利获批。2018年，全区累计申请专利1350件，申请发明专利180件，专利授权1300件，均位于全省前列。2019年，全区科技经费投入更是达到380万元，比2018年又增长了30%，增长幅度显著。

二是强化"绿水青山就是金山银山"的理念。抚州市临川区始终坚持污染防治与生态建设并重的发展理念，始终把环境污染防治摆在首要位置来抓，加强对污染企业的日常监督与治理。同时，抚州市临川区还加大对自立铜业、宏瑞陶瓷、今日电器等20多家重点企业投入，为其配备污水处理、锅炉除尘、空气净化等环保设施，此举不仅解决了企业对环境的污染问题，更有效提高了企业节能减排的综合能力，帮助一大批中小型耗能企业实现绿色升级。不仅如此，临川区还严格执行企业准入制度。近两年，共有30多家高污染、高能耗企业被相继淘汰，10多家高污染企业被要求关闭。

三是加大科技投入。抚州市临川区加大科技方面的投入，以技术创新推动工业经济高效发展。为此，抚州市临川区专门颁发了《关于进一步提升企业科技含量、增强企业竞争力的实施意见》，指出要逐年增加支持企业科技创新的资金，引导企业自身加大科技创新的投入力度，增强企业自身及产品的市场竞争力。如今，在抚州临川区的工业园区内越来越多的"科技元素"也促使一大批中小企业快速发展，迅速提升其产品质量，使企业在面对市场竞争的过程中竞争力显著增强，市场份额不断扩大。

四是促合作共发展。积极引导企业与高校、科研机构进行项目合作，建立长期产学研合作关系，促进科技成果转化，帮助企业提升产品竞争优势。例如，银涛药业与国家博士后流动工作站"江西省药物研究所"进行合作，成立药物研究机构，帮助企业顺利研制"六味安消胶囊""右归胶囊""复方银杏叶颗粒"等新药，并且这些新药都已取得国家新药证书，并被列入国家基本医疗保险药品目录。同时，"降酶灵胶囊""六味安消胶囊"还被列为国家中药保护品种，为企业赢得了较好的品牌优势。据统计，截至2019年末，抚州市临川区已有20多家企业与高校、科研机构等建立了长期合作关系，为企业高质量发展创造了"动力源"。

二、黎川鼓励科技创新助推中小企业发展升级

近年来，黎川通过设立专项资金引导企业和高校开展科技合作，促进企业的转型升级与可持续发展。黎川县财政每年安排专项资金，用于奖励科技、研发、管理等创新型企业。按照黎川县的奖励要求，凡是当地企业当年技术改造投资达300万元的项目，县财政奖励3万元，并且企业每增加100万元投资用于技术改造，县财政多奖励1万元。同时对获得"江西省优秀（重点）新产品"证书的企业，每项新产品县财政都奖励2万元；对获得"国家优秀新产品"证书的当地企业，每件新产品县财政都奖励5万元；对通过省认定企业设立的技术中心，并被授予"江西省企业技术中心"称号的，县财政一次性奖励10万元；对获得国内发明专利的企业，每项专利县财政都奖励2万元；对获得江西省著名商标的企业，县财政一次奖励2万元；对获得中国驰名商标的企业，县财政一次奖励20万元等。例如，东鑫实业与江西师范大学合作研发生产新产品，获得5项国家专利，获得奖金10万元。

黎川县这种通过鼓励企业创新，引导全县各类大中小企业积极与高校、科研院所开展科技合作、校企合作，实现人才、项目的精准对接，对促进科研单位的科技成功转化、促进企业转型升级发展方面都取得了非常良好的效果。

第五节　强调特色产业，带动中小企业全面繁荣

抚州市重视特色产业的发展，以发展乡村旅游、特色农产品种植、特色农产品养殖为重点，推进现代农业向着市场化、智能化、规模化、标准化的道路上迈进。以蔬菜出口带动蔬菜产业的发展，以南丰蜜橘改造提质带动特色林果业的发展，以中药种植带动中医药产业的发展，以稻渔综合种养带动养殖业的发展，已经走出了一条由特色产业带动的中小企业振兴发展道路。

一、南丰特色产业带动中小企业快速成长

近些年来，南丰县立足本地实际情况，把发展特色产业和农业现代化作为加快转型、调整结构、实现经济社会可持续发展的有力支撑和重要抓手，探索出了一条以特色产业推动脱贫致富、促进中小微企业繁荣发展的新路子。

南丰县甲鱼养殖起源于 20 世纪 90 年代初，经过近 30 年不懈努力，在稳定以中华鳖养殖为主的基础上，逐步发展成为多品种的龟类养殖，不断创新探索出龟鳖新品种，龟鳖养殖的技术含量得到了显著提升。目前，南城县的甲鱼种蛋、龟鳖种苗的供应量占全国龟鳖种蛋、种苗供应量的 50% 以上，成为全国闻名的中华鳖养殖、龟鳖种蛋、龟鳖种苗的生产供应基地，形成了南丰县的龟鳖特色产业，这是继南丰蜜橘之后南丰县又一农业特色支柱产业。2016 年 4 月登记注册成立南丰县龟鳖产业协会。2017 年 4 月 16 日中国渔业协会龟鳖产业分会授予南丰县"中国龟鳖之乡"荣誉称号，授予南丰县太和镇"中国龟鳖良种第一镇"荣誉称号。2018 年 12 月江西首个"种水产（龟鳖）院士工作站"在江西添鹏生态农业有限公司揭牌成立。"南丰县龟鳖产业联合体"通过三年来的试运行，取得理想的效果。2019 年，全县通过国家级渔业健康养殖示范县的验收，全县龟鳖类养殖户数 800 余户，参与户 2000 余户，龟鳖产业总投入 9 亿元，养殖池塘面积 2.4 万亩，中华鳖养殖面积 1.6 万亩，龟鳖存塘量 800 万公斤，年产种蛋 2.4 亿枚，种苗 0.8 亿只，商品 0.6 万吨；龟类养殖面积 0.8 万亩，龟鳖存塘量 200 万公斤，年产种蛋 0.5 亿枚，孵化种苗 0.4 亿只，

商品 0.16 万吨。年亩均收入 3.5 万元,最高达 6 万元。建立了以南丰县太和镇为核心的龟鳖产业集群区域,以外塘龟鳖类亲本培育为主的养殖方式。主推以龟鳖类亲本培育、种蛋孵化、种苗培育、温棚"二段法"稚幼苗育养、外塘商品龟鳖生态养殖、后备龟鳖亲本选育、"稻—鳖综合种养"及"莲—鳖综合种养"等一体化的现代渔业新模式。按照现代农业生产发展渔业建设项目要求,完成 2013~2016 年度池塘标准化水产健康养殖示范基地 12 个、建设面积 5900亩;甲鱼良种扩繁场改扩建基地 4 个、建设面积 1270 亩;标准化环保型温棚164 栋、建设面积 164 亩。南丰县现有龟鳖养殖企业数量在 11 家左右,渔业专业合作社及家庭农场 77 家,农业部水产健康养殖示范场 6 家。

南丰县根据市场产销需求,以市场为导向来调整产业结构链,利用区域性优势资源,创新模式,从过去热衷于养殖品种的单一性向多重养殖新模式发展,形成产业区域的多品种、多方式、多链条、多渠道的齐头并进、绿色发展态势,同时加紧开展龟鳖种质提纯复壮及其他品质提升工程,创建品牌,为打造南丰县百亿龟鳖产业奠定坚实的基础。主要举措包括:

一是坚持"三化"同步,稳健发展龟鳖产业。经受 1989 年南丰甲鱼产业从开启、爆发到跌落的阵痛,南丰县高度重视龟鳖产业的组织化、产业化、品牌化工作。自南丰县龟鳖产业协会及龟鳖产业化联合体成立以来,在众多成员的共同努力下,不断探索践行现代农业产业化联合体龟鳖产业发展之路,南丰龟鳖产业发展逐步走向健康可持续发展道路,形成了从龟鳖饵料、种蛋、种苗、商品龟鳖、母种各环节分工明确的产业链条。通过行业自律,不正当竞争明显下降,大大提高了龟鳖产品品质,并带动周边区域农村一二三产业的融合发展,取得显著经济、社会、生态效益,不断提升了南丰龟鳖品质和市场竞争力,实现了南丰县龟鳖产品传统生产向质量控制标准化,养殖生产设施化,技术服务社会化,养殖管理规范化的现代渔业全面转变。在强化组织化、产业化的基础上极力推进龟鳖品牌化发展。目前,南丰县共获批"三品一标"无公害水产品基地 18 家,有机水产品 2 个,无公害水产品 16 个,省级龙头企业 1 家,省级示范社 1 家,省级原良种场 4 家,市级龙头企业 1 家,龟鳖注册商标 7 家。

二是坚持绿色发展,大力保护渔业生态。南丰县委、县政府高度重视生态建设,坚持"绿水青山就是金山银山"的发展理念,持之以恒狠抓环境治理不放松。首先,治理渔业面源。近年来,南丰县结合生态文明建设和农村环境整治,持续开展渔业资源保护专项整治,有效保护盱江水系及其 16 条一级支流8 条二级支流的水生生物,进一步修复了县域范围内渔业生态环境。同时,定期开展水生生物保护工作。其次，推进综合种养、开展尾水治理等绿色养殖方向。大力推进稻田综合种养，并逐步发展"稻—鳖综合种养"及"莲—鳖综合种养"等一体化的现代养殖新模式。积极推进龟鳖养殖尾水处理，2018年已完善龟鳖养殖尾水整治方案，各经营主体均签订承诺书。现已立项7家经营主体养殖尾水处理工程项目，1家企业初步建成，2家企业正开始建设施工，其余4家已立项，开始项目实施程序。最后，强化行业监管。近年来，南丰县不断加强渔业行业监管，大力提倡健康养殖。狠抓投入品监管的同时，建立"三项记录，五项制度"，完善水生动物防疫检疫、水产品安全监督服务体系。要求养殖主体单位完善"生产、用药、销售"记录，建立生产操作规程及相关农产品质量安全监管、药残抽检各项制度，配备1名以上专职水生动物防疫员、内检员和质量安全技术员。

三是坚持科技兴渔，大力发展智慧渔业。首先，积极强化产业科技支撑。一方面，加强同科技院校及科研院所通力合作。在政府主导和企业沟通下，2018年"桂建芳"院士工作站揭牌成立，建立了科学实验室，为南丰县龟鳖产业健康可持续发展奠定了坚实基础。此外，江西添鹏生态农业有限公司与南昌大学生命科学院洪一江教授团队长期合作，争取2020年底前获得国家水产新品种认定。另一方面，加强健康养殖技能培训。每年定期举办水产健康养殖培训班，邀请省市权威专家进行授课，结合生产实地考察，大大提高了南丰水产业的技术水平。其次，积极推进智慧渔业。加快建设智慧农业平台，目前县级智慧农业平台已建成投入使用。通过项目支持，加快推进龟鳖产业的智慧平台建设。

二、南城引导小微企业聚集创特色产业发展群落

为进一步帮助南城县的小微企业做大做强，南城县在有条件的部分乡镇科学布局，规划建设数个小微企业创业园，引导小微企业聚集发展，更好地为小微企业提供优质的发展环境。同时，南城县财政每年还安排1000万元专项资金帮助小微企业更好的发展，设立了管理创新、纳税、科技进步、品牌创建等相关奖励，鼓励小微企业发展。通过"财源信用纽带"等的作用，帮助小微企业融资，充分发挥财政资金在信贷中的"四两拨千斤"作用，根据创业项目、创业能力、经营状况、促进就业等情况，切实为小微企业解决融资问题，南城县的小微企业发展已初具规模。例如，南城县小微校具企业聚集，南城县政府

积极引导，及时启动了南城县校具产业园建设，总投入达到 35 亿元，规划用地 1500 亩，帮助小微企业实现规模化、规范化发展。目前，南城县的校具产品已经占全国校具市场 1/3 的份额，拥有校具加工相关企业数量 184 家，校具产业从业人员 3 万余人。2018 年，南城县校具产业实现主营业务收入 52.6 亿元。优质的产业营商环境吸引众多的中小企业及中小配套企业的聚集，使南城县校具产业从小到大、从弱到强，形成了完整的校具产业链生产及加工链条，校具品质和产品形象都在不断提升，南城校具的区域品牌影响力也进一步凸显，校具产业目前已经崛起为南城县的重点特色产业之一，带动了众多中小企业的发展，经济效益显著。

第七章

《国务院关于支持赣南等原中央苏区振兴发展的若干意见》加速推动抚州苏区中小企业发展

第一节　《国务院关于支持赣南等原中央苏区振兴发展的若干意见》为苏区中小企业发展指明方向 [①]

　　2012 年 6 月 28 日，国务院发布《国务院关于支持赣南等原中央苏区振兴发展的若干意见》（以下简称《若干意见》）。伴随着《若干意见》的出台，国家正式把振兴赣南等原中央苏区的经济发展上升为国家战略。《若干意见》强调了发展苏区经济的重要性，要求以邓小平理论和"三个代表"重要思想为主要指导，深入贯彻落实科学发展观，弘扬苏区精神，加大对赣南等原中央苏区的扶持力度，加快赣南等原中央苏区新型城镇化和工业化发展进程，着力提高赣南等原中央苏区生产力水平以及人民的城镇化生活条件。《若干意见》还要求，必须加快赣南等原中央苏区的交通、能源、水利、通信等基础设施的建设进度，增强赣南等原中央苏区未来快速发展的基础设施支撑能力。赣南等原中央苏区也将以承接发达沿海省份产业转移为主要出发点和契机，着力培育和壮大自身优势产业和特色产业的发展，并以发展赣南等原中央苏区民生及社会事业为根本点，努力提高赣南等原中央苏区的基本公共服务水平。同时，要以赣南等原中央苏区良好的生态环境为前提，秉承"绿水青山就是金山银山"的发

[①]　节选自《国务院关于支持赣南等原中央苏区振兴发展的若干意见》。

展理念，保护赣南等原中央苏区的生态环境，促进生态环境与产业发展的可持续循环发展。赣南等原中央苏区必须以持续的改革开放为发展动力，破除由体制机制原因所导致的发展障碍，努力走出跨越式发展新路子、新模式，使赣南等原中央苏区人民尽快过上富裕幸福的生活，确保同全国人民一道全面进入小康社会，实现共同富裕。

根据《若干意见》的文件精神，到 2020 年末，赣南等原中央苏区将实现整体跨越式发展。赣南等原中央苏区要实现基本建立的现代产业发展体系，进一步提高工业化及城镇化发展水平；实现地区综合经济实力的显著增强，明显缩小赣南等原中央苏区的人均主要经济指标与全国平均水平的差距；基本形成现代化的综合交通运输体系和能源保障体系。

一、发展特色优势产业

《若干意见》中指出，赣南等原中央苏区需要培育壮大自身的特色产业和优势产业，坚持以市场发展为导向，走出赣南等原中央苏区振兴发展新路子，立足特色产业与优势产业，着力培育产业集群的规模，促进中小企业集聚发展的态势形成。大力推动赣南等原中央苏区的服务业与制造业的创新发展，促进产业发展与城市发展相协调，构建特色鲜明、结构合理、集约高效、环境和谐的赣南等原中央苏区现代化产业发展体系。

一是加快制造业发展。赣南等原中央苏区要充分发挥现有相关产业的优势，继续做大做强，大力发展电子信息产业、现代纺织产业、机械制造业、新型建材等产业，积极培育新能源汽车及关键零部件产业、生物医药产业、节能环保产业等的发展，推动高端装备制造等战略性新兴产业的发展，使赣南等原中央苏区形成一批科技含量高、辐射力强、市场前景广阔的产业集群，带动地方经济的快速提升。同时，国家支持赣南等原中央苏区建立战略性新兴产业风险投资和高新技术产业孵化基地。加大对赣南等原中央苏区重大科技成果推广应用和产业化的支持力度，增强其科技创新能力。支持国内整车企业在赣州等城市设立汽车产业分厂或零部件供应工厂。支持赣南等原中央苏区建设国家级检验检测技术研发服务平台。

二是推动红色文化旅游产业大发展。为加强对赣南等原中央苏区革命旧址的保护和修缮，发挥爱国主义教育的重要作用，国家支持赣南等原中央苏区建设中央苏区历史博物馆、中央苏区烈士陵园、东固革命烈士陵园等红色文化教育基地。深化赣南与井冈山、闽西、粤东北旅游合作，建设一批以瑞金为核心高起点的优秀景区和经典线路，支持创建国家 AAAAA 级风景名胜区，推进红色旅游与生态旅游、休闲旅游相结合的历史文化旅游。同时，支持赣州、吉安建立国家旅游试验区。

三是大力发展现代服务业。完善赣南等原中央苏区金融机构组织体系，完善金融机构、金融市场和金融产品，推动江西省、福建省、广东省、湖南省四省边际区域性金融资源共享机制。鼓励国内外金融机构在赣州设立经营性分支机构，支持和鼓励各类银行业金融机构发起设立新型农村金融机构。大力发展现代物流业，研究完善物流企业营业税差额纳税试点办法，支持赣州、抚州建立现代物流技术应用和联合配送综合试点城市、综合物流园区和物流仓储配送中心。同时，适应城市化和人口老龄化趋势，支持赣南等原中央苏区发展社区服务、家政服务、社会养老等生活服务。

四是促进产业与城市协调发展。促进产业和生产要素向城市集聚，提高赣南等原中央苏区城市的服务功能和承载能力。支持赣州建设省域副中心城市，调整行政区划，增设市辖区，促进赣县、南康、上犹同赣州中心城区同城化发展，支持瑞金、龙南的次中心城市建设。加快吉泰走廊城镇体系建设。科学规划城市功能定位和产业布局，强化城市基础设施和公共服务设施建设，增强辐射带动能力。推进赣南等原中央苏区数字化城市建设。

二、持续深化改革扩大开放

赣南等原中央苏区要坚持以改革开放促振兴发展，积极探索创新模式，着力构建有利于加快自身发展转型的体制机制，有序承接沿海等发达地区的产业转移进程，开创内地开放型经济发展升级的新格局。同时，赣南等原中央苏区要深化行政管理体制改革，加快转变政府职能，提高政府的行政效率，优化本地的营商发展环境。赣南等原中央苏区还要坚持以市场为导向，充分发挥自身产业发展优势，完善产业支撑条件和产业转移促进机制，依托现有特色及优势产业基础，推进优势产业的集中规划、布局。支持赣南等原中央苏区的国家高新技术产业园区建设，促进开放合作，加强与珠三角、厦漳泉等沿海地区的经贸联系。

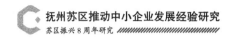

三、加大政策性扶持与倾斜

按照《若干意见》的文件精神，赣南等原中央苏区尤其是赣南地区的经济社会发展近些年来存在发展滞后等特殊困难和问题，应当加大政策性的扶持与倾斜力度，提升赣南等原中央苏区的社会经济发展速度，具体政策支持与扶持的方面包括以下八个：

一是财税政策支持。进一步提高赣南等原中央苏区地区的中央财政均衡性转移支付力度，逐步缩小赣南等原中央苏区地方标准财政收支差距。同时加大对赣南等原中央苏区振兴发展的中央财政支持力度。中央政府代地方发行的债券向赣南等原中央苏区倾斜。

二是投资政策扶持。加大中央财政预算和专项建设资金对赣南等原中央苏区的投入，在重大项目规划布局、审批、资金安排等方面优先考虑赣南等原中央苏区。

三是金融政策支持。国家鼓励政策性银行在国家允许的业务范围内，加大对赣南等原中央苏区的信贷支持力度。鼓励商业银行参与赣南等原中央苏区的振兴和发展。支持保险资金投资赣南等原中央苏区的基础设施和重点产业项目建设。支持符合条件的赣南等原中央苏区企业发行企业（公司）债券、中期票据、短期融资券、中小企业集合票据和上市进行融资。大力推进赣南等原中央苏区农村金融产品和服务的创新，鼓励和支持赣南等原中央苏区设立村镇银行。

四是产业政策支持。对赣南等原中央苏区实施差别化产业帮扶政策，中央在从产业规划指导、项目安排、资金配置等方面给予支持和倾斜。同时加大对赣南等原中央苏区企业技术改造和产业结构调整的扶持力度，支持赣南等原中央苏区特色产业、优势产业的发展。优先规划和布局符合条件的赣南等原中央苏区的工业项目等。

五是国土资源政策支持。加大对赣南等原中央苏区在安排土地利用年度计划、城乡建设用地增减挂钩和周转指标等方面予以支持和适当倾斜。

六是生态补偿政策支持。国家将东江源、赣江源、抚河源、闽江源列为国家生态补偿试点项目。结合赣南等原中央苏区主体功能区规划调整的完善，将江、河源头纳入国家重点生态功能区范围，提高国家重点生态功能区转移支付系数，加大中央财政转移支付力度。同时国家加大了对赣南等原中央苏区废弃矿山植被恢复和生态治理工程的财政支持力度。加大国家对赣南等原中央苏区公益林的生态补偿投入力度。

七是人才政策扶持。加强东部地区、中央国家机关、中央企事业单位和赣南等原中央苏区的干部交流活动频次。国家重大人才工程和引智项目有针对性地向赣南等原中央苏区倾斜，同时鼓励高层次人才到赣南等原中央苏区投资创业，支持有条件的赣南等原中央苏区企业或单位申请建立院士工作站和博士后科研工作站，提升赣南等原中央苏区的人才队伍质量和科学技术实力。

八是对口支援政策支持。建立中央国家机关对口支援赣南等原中央苏区的长效支援机制，使得中央国家机关及有关单位在人才队伍建设、技术改造、产业升级、项目投资等方面加强赣南等原中央苏区的对口支援。同时鼓励社会力量积极参与赣南等原中央苏区的对口支援。

第二节　对口支援强化中小企业发展原动力 [①]

2013年8月30日，由国家发展和改革委员会、中央组织部牵头，中央宣传部、中央统战部等52个中央国家机关及有关单位分别对赣南等原中央苏区31个县（市、区）实行为期八年的对口支援。其中五个中央国家机关及有关单位对口支援抚州苏区的5个县，具体分别是由原国家文化部对口支援抚州的黎川县、中国农业发展银行对口支援抚州的南丰县、国家民委对口支援抚州的乐安县、国家文物局对口支援抚州的宜黄县、中央统战部对口支援抚州的广昌县。《中央国家机关及有关单位对口支援赣南等原中央苏区实施方案》的实施，对于充分调动援建各方积极性，形成整体合力，共同推动苏区的振兴发展，都具有十分重要的战略意义。

一、中央国家机关支援赣南工作的总体目标

根据《中央国家机关及有关单位对口支援赣南等原中央苏区实施方案》的部署要求，到2020年有效解决受援地区的突出民生问题和制约当地经济发展

---

① 节选自《中央国家机关及有关单位对口支援赣南等原中央苏区实施方案》。

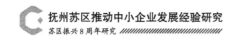
的薄弱环节，帮助全面提升江西苏区各受援地区干部队伍和人才队伍建设工作，显著提高当地人才队伍素质，显著改善当地居民的基本生产生活条件，加强受援地的公共文化服务体系建设，加快推动当地特色产业、优势产业的快速发展，提升其自我造血能力和可持续发展能力。赣南等原中央苏区的快速发展为实现全国同步全面建成小康社会的目标提供重要保障。

二、中央国家机关对口支援的时间安排和结对关系

按照《中央国家机关及有关单位对口支援赣南等原中央苏区实施方案》的相关要求，中央国家机关对口支援的苏区各地区的时间工作期限初步确定为2013~2020 年，2020 年以后根据实际实施情况再另行安排。

按照《中央国家机关及有关单位对口支援赣南等原中央苏区实施方案》的相关要求，中央国家机关对口支援的有关支持单位由国家发展和改革委员会、中央组织部作为牵头单位，组织中央宣传部、中央统战部、国家教育部、国家科技部等 52 家单位参加支援工作。

同时，按照《中央国家机关及有关单位对口支援赣南等原中央苏区实施方案》的相关要求，此次对口支援的主要受援地为江西省赣州市所辖 18 个县（市、区），以及参照执行对口支援政策的吉安市吉州区、青原区、吉安县、吉水县、新干县、永丰县、泰和县、万安县和抚州市黎川县、南丰县、乐安县、宜黄县、广昌县等 13 个县（区）。因此，此次中央国家机关及有关单位对口支援赣南等原中央苏区的受援地共计 31 个县（市、区）。

中央国家机关对口支援的结对原则。对赣州市 18 个县（市、区）原则上各安排两个对口支援单位进行对口援建。对吉安市、抚州市的 13 个特殊县（区）各安排一个支援单位进行对口援建。同时，在具体的对口支援结对安排上，对口支援与援建各方应充分考虑援建单位职能优势与受援地之间的需求，按比较优势和发展需求原则结对帮扶。

中央国家机关有五个援建单位对口支援抚州苏区的五个县，具体的结对安排如下：原国家文化部对口支援黎川县、中国农业发展银行对口支援南丰县、国家民委对口支援乐安县、国家文物局对口支援宜黄县、中央统战部对口支援广昌县。

三、中央国家机关对口支援的主要任务

首先，按照《中央国家机关及有关单位对口支援赣南等原中央苏区实施方案》的相关要求，要组织开展对口支援单位和受援地区干部的双向挂职、两地培训，各中央国家机关对口支援单位要选派优秀干部去受援地挂职。实施受援地的专业型人才培养计划，加大对受援地区急需的技能型人才培养力度。鼓励受援地区的高层次人才的回乡投资创业，支持引进相关技术领域的领军人才，帮助受援地建设高素质企业家队伍。各中央国家机关对对口支援单位加强技术指导，推动科研机构和高等学校与受援地间开展多种形式的交流与科研合作，引导和鼓励科技企业到受援地投资发展。

其次，各中央国家机关对口支援单位要结合自身职能，紧紧围绕受援地区经济社会发展需要，加强对受援地的业务指导，在政策落实、项目安排、资金投入、制度创新等方面对受援地给予积极支持，帮助受援地加快振兴发展速度。

再次，各中央国家机关和各对口支援单位要加强与受援地区的沟通，在充分调研的基础上认识受援地区经济社会发展特别是民生面临的重要困难和突出问题。要充分发挥中央国家机关各对口支援单位的优势，积极协调相关资源，有效动员各自力量，加大对苏区各受援地区的扶持力度，共同化解制约苏区经济社会发展的各项重大问题，促进苏区振兴发展。

最后，各中央国家机关对口支援单位要积极支持中央企业到苏区发展，开展切实有效的帮扶活动。鼓励中央企业自主与苏区有关县（市、区）形成帮扶结对关系，通过中央企业参与受援地资源的开发、产业的发展和重大项目的建设，实现中央企业与受援地之间的互利共赢、共同发展。

第三节　中国农业发展银行对口支援南丰县

南丰县位于江西省东南部，抚州市南部。自《若干意见》实施七年来，在党中央、国务院的正确领导下，在中国农业发展银行的大力支持下，预计2019年底，南丰县地区生产总值由2012年的76.63亿元增加到143.8亿元，年均增长10.5%；人均国内生产总值由26411元增加到47958元，年均增长

8.8%；城镇居民人均可支配收入由 18932 元增加到 35096 元，年均增长 9.2%；农民人均可支配收入由 12367 元增加到 23625 元，年均增长 9.6%，连续九年列全省县区第一。在国家实施对口支援和苏区振兴政策惠及下，南丰县委、县政府得以全面推进基础设施、生态文明、产业发展、改革开放等重点工作，凝心聚力，感恩奋进，着力谱写新时代江西改革发展新画卷"南丰篇章"。

一、中国农业发展银行对口支援南丰县的实践成效分析

中国农业发展银行是国家唯一一家农业政策性银行。它以国家发展战略为核心，服务于国家粮食安全、农业现代化、城乡一体化发展和国家重点战略。八年来，中国农业发展银行充分利用自身的功能特点，在对口支援南丰工作中采取不同于其他国家部委的独特帮扶特色和做法，在多个环节"输血""造血"双管齐下，取得了积极的帮扶成效。

（1）发挥金融系统优势，加大信贷扶持力度，南丰县各项重大民生项目建设得到快速发展。中国农业发展银行积极回应南丰县对于县域经济发展的热切渴望，重点在支持南丰县振兴发展方面，给予优惠信贷支持政策，提升核心竞争力。

一是中国农业发展银行在增强民生福祉和基本公共服务能力等重大民生工程方面，加大资金支持力度。截至 2019 年底，中国农业发展银行南丰县支行已累计审批中长期项目贷款 12 个，审批金额总计 29.35 亿元，累计投放中长期贷款 26.2 亿元。贷款余额由 2013 年的 3.38 亿元增至 2019 年的 16.26 亿元，增长了 12.88 亿元，增长幅度 381.07%。这些贷款分别投入到了新型城镇化、棚户区改造、养老服务中心、基础设施、产业化发展等民生工程中，使一批重大民生工程项目陆续开工或建成投入使用。如兴建了 5 万吨第二自来水厂、河东新区管网，解决了城区 8 万人的安全饮水问题；虹瑞佳苑棚户区，通过安置房改造，已有 500 户居民搬入新居；扩建环城北路，解决群众出行拥堵问题，建成 62 套安置房，使 300 多名生活在地质灾害区的群众住上了安全舒适的新房；兴建了 1000 个床位的新区医院，缓解群众就医压力；投入信贷资金 2 亿元，改造农村公路 468 千米，为山区农民降低了蜜橘运输成本。

二是支持实体经济和本土民营企业。在南丰振宇实业集团面临各种困难时，中国农业发展银行响应政府号召，不减贷、不抽贷，积极采取措施，承担社会责任，发放贷款 4200 万元，帮助企业走出困境，做精做强。

三是支持众创基地建设，提升县域创业环境。2019年以来，中国农业发展银行已为南丰县投资创业和承接项目的载体工程——众创基地一期、二期发放2.3亿元项目贷款，后续将根据项目进度稳步推进实施。该项目建设以标准厂房为主，同时配套管理服务中心、电子商务大楼及职工宿舍等服务性建筑，总建筑面积21.6万余平方米，其中标准厂房面积约16.6万平方米，可有效提高土地利用水平，促进工业和服务业项目节约集约用地，增强该县创业环境优势，增加创业投资吸引力，提升自身造血能力。

（2）突出"精准"，针对性开展援建工作，提升造血机能。几年来，中国农业发展银行坚持"支农为国、立行为民"，在关乎老区民生民本事项中播撒了大爱深情。通过帮助筹办招商引资对接会，引进企业项目与无偿捐赠，实现对南丰县的"输血""造血"双项帮扶。

一是立足南丰资源禀赋，着力培育壮大特色优势产业，帮助加速构建现代特色农业产业体系。中国农业发展银行各级分行积极行动，引导该县所需的产业链上龙头企业与当地政府、企业开展合作，为南丰量身打造一条既适合当地发展实际，又可持续、绿色发展的道路。2018年9月，衔接助推南丰产业招商引资对接推进会召开，集中中国农业发展银行系统资源优势，初步促使26家龙头企业意向落户南丰，签订意向投资37.1亿元，涉及项目24个。目前，与泉州金穗公司合作1.5万吨稻谷收购项目已落地，正在开展货源的组织筹集；对接浙江天子股份有限公司的蜜橘标准化精品产销项目，已收购原材料南丰蜜橘750吨，并就前期在南丰建立科研中心达成共识。2019年9月27日，在杭州召开的对口支援县招商引资对接会上，南丰以其丰富、新颖、天然、绿色的特色产品吸引了与会者眼球，展台前询问者络绎不绝，并在稻谷采购、蜜橘产销培育、龟鳖鱼饲料和食品加工、农业产业化合作、农用无人机生产等方面和5家企业达成了合作意向，意向合作金额近4亿元，目前正加紧推动签约项目的落地实施。同时，中国农业发展银行还积极帮助对接北京大逸公司的蜜橘综合产业园等项目，多次实地考察，力争打造信贷支持新模式。

二是坚持以人民为中心，中国农业发展银行持续不断开展无偿捐赠，到2020年将实现超1300万元。中国农业发展银行挂职干部周密谋划，将捐赠资金按需向村集体发展、乡村民生建设、民本工程上倾斜。注重教育兴县的推动作用，投入捐赠资金321.72万元，支持教育事业发展；注重以党建统领工作，捐赠62.64万元，修缮村级党组织活动场所，完善更新党员教育设施；注重产业的带动作用，捐赠197.36万元，支持茶树菇、湖鸭、土鸡等养殖及产业基地改造扩建；注重农村基础设施的先导作用，捐赠243万元，支持改造农村饮用水配套实施、新建修缮村组路桥及生态防护建设；注重群众生活改善的保障作用，捐赠183万元，用于房屋维修加固、公益性便民设施建设、乡级敬老院建设。

（3）强调振兴扶智，打造人才强县道路。中国农业发展银行认为苏区振兴需要人才、科技、先进理念的振兴，围绕《若干意见》人才政策指引，中国农业发展银行将人才工程和引智项目向定点县倾斜，把扶智作为援建工作的重要抓手。

一是打造长效"强智"样板。由中国农业发展银行投入捐赠资金321.72万元支持启动的南丰县教育基金会，从2018年开始正式运行，截至2019年底，该基金已经汇聚近984余万元的资金池，受助人数达1100人次，尽最大努力不让学生因家庭原因而辍学。

二是注重干部带动作用。利用中国农业发展银行和苏州干部学院的长期合作协议，分三年为南丰县培训160余名县、乡、村三级干部。从2017年起，已培养14批、137名基层干部和致富带头人。仅2018年至今就培训了11批、107人次。开展金融知识宣讲，省农发行于2018年帮助选派五位金融业务专家在南丰实地宣讲金融知识，为400余名本县同志进行金融政策培训，通过金融教育助力乡村振兴。关心下一代教育，2019年和县里有关部门合作选拔了10名优秀乡村教师到北京参与中国农业发展银行总行和中国金融教育基金会联合组织的培训项目。

三是多方面拓宽培训渠道。针对教育行业支援，中国农业发展银行积极推动参与国家民委等部委干部培训计划实施；同时，2019年6月初，中国农业发展银行主动与新东方集团代表就"情系远山"公益项目对口支援老区晤谈，对接多个教育支持项目，目前已启动2019~2020学年高中双师课堂，114名学子受益。

二、中国农业发展银行援建南丰县的实践做法

（1）领导重视，中国农业发展银行上下联动，扎实推进帮扶工作。中国农业发展银行立足服务"三农"，从总行党委到相关部门提升政治站位，高度重视南丰县的对口支援工作，以实际帮扶举措践行着"凡是有利于南丰老百姓致富的事都愿意干""凡是有利于南丰长远发展的项目都愿意支持"的承诺，以

"融资、融智、融商、融情"的"四位一体"帮扶措施，升级新时代对口支援工作。上下同心，倾力帮扶。中国农业发展银行总行领导、各机构多次赴南丰实地调研，为苏区振兴问诊把脉、研判定策。总行董事长等领导先后多次深入南丰进行专题调研、工作指导和慰问；总行组织部挂点南丰，每年拨付党费捐赠资金，为村级党组织建设和村级集体经济发展注入及时雨；总行综合业务部业务指引，适时给予答疑解惑、关心支持；总行各部门凸显优势，纷纷提供政策信息专业资源，助力产业发展；江西省分行发挥定点帮助第一责任方作用，适时对支援工作大力指导，基层行协助配合，江西省分行董仕君行长及班子成员多次到南丰调研指导，并派驻业务骨干协助总行挂职干部开展对口支援工作；中国农业发展银行全系统助阵助势，积极推动东西部合作，福建、辽宁、浙江、天津、甘肃、重庆等各地分行都以不同形式八方驰援南丰。

（2）干部担当，确保各项支援政策做实。在国务院办公厅印发《中央国家机关及有关单位对口支援赣南等原中央苏区实施方案》后，为了使一系列的帮扶政策能够落到实处，发挥政策的最大效益，中国农业发展银行先后派出三位挂职干部任组长的团队，分批到南丰挂职锻炼，指导援建工作。他们到位后，迅速克服新环境带来的困难，进入忘我的工作状态，充分利用自身优势，全力争取各类项目、资金，起到了重要的纽带桥梁作用，为南丰县的振兴发展做出了积极贡献。

其一，因县制宜，在深入调研的基础上，迅速帮助出台含金量非常高的《对口支援南丰县振兴发展工作方案（2013—2020年）》，对南丰县给予全方位援建支持。

其二，为南丰开通贷款绿色通道，争取到中国农业发展银行总行同意南丰县在条件允许的情况下可以同样享受总行对"三区三州"专门制定的28条信贷优惠政策和新增贷款利率下浮政策，南丰成为江西全省唯一享有此项政策优惠的县。

其三，在做好本职工作的基础上，倾尽全力配合南丰县全局工作。沟通各地中国农业发展银行单位，帮助该县开展招商引资工作，陪同县主要领导赴企招商；帮助该县与中国农业发展银行双向沟通援建工作，深化对口支援；配合全县工作，赴国家发展和改革委员会等多部门开展项目申报，2018年南丰县资源循环利用基地入选为江西省第一家国家资源循环利用基地，获评"全国资源循环利用基地"；配合专家组对潭湖晋升国家级湿地公园进行考核评估，潭湖即将正式晋升。

（3）打通壁垒，广泛争取各方帮扶资源。其一，延伸援建路径。2018年以来，中国农业发展银行第三批挂职干部赵金霞同志带领团队实践"说出去，请进来"宣传策略，与省内外、中国农业发展银行系统内外广泛联系，在产业项目、党建结对共建等多方面探索路径；通过积极推介中国农业发展银行信贷政策，吸引优质企业来南丰考察；与全省中央单位70名对口支援和30名定点帮扶同志密切联系，邀请到中央组织部、国家发展改革委、商务部等近40人次挂职干部考察南丰县，寻求更多的政策、资源和资金支持。

其二，汇集传播善意。几年来，几位挂职干部帮助承接各类善款，修缮三溪乡中心学校操场、留守儿童之家；协调中国农业发展银行有关部门为学校捐赠电脑、书包等学习用品；发动社会力量捐赠78.8万元资金和物资，支持4个省级村的基础设施建设；为9个乡镇500户建档立卡户发放大米、面粉等物资936件；仅2019年，就已承接中国农业发展银行总行组织部全体同志、重庆市分行、甘肃省分行、江西省分行及5家爱心企业等捐资捐物50余万元，爱洒苏区。

其三，拓宽支援领域。按照中组部对第三批挂职干部"援县促市带省"的要求，充分发挥系统优势，"对口一地，联动全域"，积极宣传推动中国农业发展银行金融政策。先后为赣州市的10余个县区及抚州市乐安、宜黄、黎川、广昌等地提供了棚改、文旅、基础设施、民生工程等方面的金融政策和信息，联通当地与中国农业发展银行的关系，搭建了各地与南丰县的优势互补资源共享平台。

第四节　原国家文化部对口支援黎川县

按照《中央国家机关及有关单位对口支援赣南等原中央苏区实施方案》的相关政策要求，原国家文化部作为对口支援单位对口支援抚州的黎川县，随后，文化部有关司局对黎川县城镇、企业、文化艺术创作基地等进行了广泛调研，明确从打造文化艺术创作基地，打造文化旅游产品，推动油画、陶瓷产业发展，保护文化遗产，增强基层公共文化服务能力，培养文化人才，加强对黎川的宣传七个方面支持黎川文化建设，为黎川振兴发展打下坚实的基础。至此，黎川县的文化产业发展大步向前的生动格局正在悄然形成。2015 年 12 月 15~16 日，原国家文化部党组成员、中央纪委驻文化部纪检组长率原国家文化部调研组在原江西省文化厅副巡视员的陪同下深入黎川县调研对口支援工作情况，其一行先后到县艺术剧院、图书馆、博物馆、油画创意产业园、古城保护性改造工程、九州陶瓷、潭溪乡河塘村文化大院、河塘村群众文化活动中心、湖坊乡综合文化站、闽赣省苏维埃政府旧址、华山镇洲湖船形古屋等地实地考察，了解原国家文化部对口支援黎川两年来文化援建的成果以及存在的主要困难。其一行表示原国家文化部会加强协调和业务指导，建立定期会商机制，细化对口支援项目和工作目标的落实，同时发挥好挂职干部的作用，继续将黎川作为基层文化有关工作先行先试的试点县，在政策实施、项目安排、资金投入等多方面给予重点倾斜。

一、原国家文化部对口支援，推动油画产业"抱团发展"

黎川县的油画产业发展始于 20 世纪 80 年代，目前有 3000 多黎川人在全国各地从事油画产业，黎川县确立了"创世界油画基地，建文化产业名地"的发展目标，把油画产业作为全县重点发展产业。随着文化部对口支援黎川县，给黎川的油画产业发展带来了巨大的发展机遇，加快了黎川油画创意产业园的建设，促进了黎川油画创意产业园的引资招商步伐。2014 年 7 月，黎川油画创意产业园一期工程竣工并投入使用，油画创意产业园建筑面积超过 5 万平方米，吸引了 100 多名油画家和 10 多家油画企业入驻，形成了油画产业的"抱团式"发展新模式。2014 年 12 月，黎川油画——南昌和常德艺术馆开馆，至此黎川油画"基地＋窗口"的商业模式正式形成。在文化部的大力推动下，黎川油画参加了 2014 年俄罗斯伏尔加河沿岸联邦区江西特色商品展和中国义乌文化产品交易会等活动，并且都取得了非常好的销售成绩。此外，江西省画院、省美术家协会还组织了 40 余幅油画和国画开展了"美丽中国·秀美江西——艺术家走进黎川采风活动"。借助原国家文化部提供的平台和资源，黎川被文化部命名为中国民间文化艺术（油画）之乡，从此，黎川油画产业走出去的力度不断加大。

不仅如此，黎川油画产业的快速发展还带动了黎川县相关产业的迅猛发展，如相关的油画装裱、快递业务、电子商务、餐饮旅游等产业都在油画产业

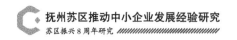
的带动下取得了骄人的发展成绩。据统计，黎川目前在全国从事油画行业的黎川籍画家就已经超过 3000 名，油画相关行业的诸如油画装裱工人和油画经销商更是不计其数，保守估计由黎川油画产业发展带来的年经济效应已经超过 3 亿元规模。

二、原国家文化部对口支援黎川县文化旅游绿色产业发展

黎川县的旅游产业发展起步较晚，但旅游产业是黎川县未来希望大力发展的绿色产业。2014 年，在原国家文化部的大力支持与帮扶下，黎川县的文化旅游项目发展进程明显加快，包括古城老街改造项目、总投资 20 亿元的东华山水旅游综合开发项目、以闽赣旧址为中心的闽赣苏区小城镇项目等一大批文旅项目都进入到实质性的建设阶段，发展速度惊人。不仅如此，原国家文化部还帮助黎川县策划旅游宣传活动，大力推进"八个一"的黎川旅游营销宣传，"八个一"包括一句响亮的旅游口号、一首动听的旅游歌曲、一次惊艳的旅游摄影采风、一套精致的旅游名片、一本精美的旅游画册、一条温馨的手机旅游短信、一组令人回味的旅游摄影作品展、一段优雅的手机旅游彩铃，通过宣传全面推介黎川县的旅游资源。

此外，尤其值得一提的是原国家文化部的挂职干部们把黎川苏区当作自己的"第二故乡"，架起了助推文化惠民的"连心桥"。2014 年 11 月，中国儿童艺术剧院开展"温暖童心——优秀儿童剧走进江西省黎川县"公益演出，五场经典童话剧《青蛙王子》吸引了 4000 多名黎川小朋友现场观看。这是国家级艺术剧院首次走进黎川。挂职干部在日常调研工作中，得知黎川县图书馆藏书量少，少儿读物十分缺乏这一情况后，积极协调中央人民广播电台《中国之声》和江西出版集团中文传媒公司策划开展"读一本好书，助梦想起航"少儿图书捐赠活动，两家单位为县图书馆捐赠 1 万多册优秀少儿读物。通过积极争取，还得到国家图书馆、原国家新闻出版广电总局两家单位各 2.5 万册的图书、期刊援助，使黎川县的图书馆藏书量增加了 1 倍多。目前，黎川县已经被列入江西省基本公共文化标准化、均等化建设试点县。

第五节　中共中央统一战线工作部对口支援广昌县

2012年《若干意见》出台以后，江西省统一战线指挥部积极响应国家政策号召，第一时间在广昌县展开了以"同心—振兴赣南等原中央苏区广昌示范区"的主题活动。随着2013年国家颁布的《中央国家机关及有关单位对口支援赣南等原中央苏区实施方案》的落地实施，党中央、国务院明确了中央统战部作为对口支援单位援建广昌县，广昌县迎来苏区振兴和"同心—振兴"双重发展的战略机遇，进入了快速发展的快车道。2014年，随着国家发改委印发的《赣闽粤原中央苏区振兴发展规划》（以下简称《规划》）的出台，更加科学谋划了原中央苏区及周边地区振兴发展战略，也进一步细化了苏区振兴发展的各项政策措施。

近年来，中央统战部始终不忘初心、情系老区，把感恩先烈先辈作为重大责任担当，将有"中央苏区北大门"之称的广昌县作为对口支援地区，积极争取政策支持、引进高新产业，并依托统一战线成员单位，多次组织海外知名人士到江西考察访问、奉献爱心，累计捐资5000多万元，援建学校、医院、村卫生室等公益项目133个，有力促进了本地的经济社会发展。为此，广昌县委、县政府也做到顺势而为、主动作为，认真贯彻落实《若干意见》《规划》的相关要求，坚持以"争政策、抓项目、办实事"成为中央统战部对口支援广昌县的主要着力点，全方位支持广昌县的苏区振兴发展战略，扎实抓好老区振兴发展各项工作，着力打造中央等国家机关对口支援苏区振兴发展的"广昌样板"工程。

一、中央统战部帮助广昌县加快城乡基础设施建设

广昌工业园区扩区调区获得省政府批复，工业园区规划面积由300公顷扩大至404公顷；中小微企业创业园等一批产业平台已建成；争取到广昌列为第三批国家电子商务进农村综合示范县；广建高速、广吉高速已建成通车；污水管网、移民搬迁、中国莲花AAAA级景区、城镇基础设施PPP等重点项目已

开工建设；城市防洪、保障性住房、220千伏输变电工程、河东110千伏输变电、农村电网改造升级、农村公路、县人民医院、乡镇卫生院、农村学前教育推进工程等一批重大项目已相继完工；引进的广昌县国发能源发展有限公司城市压缩天然气项目于2012年开工建设，全县已形成使用天然气的良好氛围。

二、中央统战部帮助广昌县培育壮大特色优势产业

一是中央统战部帮助广昌县的特色农业实现稳步发展，形成了广昌县农业中小企业的聚集发展效应。随着农业中小企业的快速发展，带动广昌白莲、烤烟、食用菌、泽泻等特色农业发展迅猛，广昌县特色农业发展成效显著。中央统战部还帮助广昌县推进现代农业示范园区建设，大力培育农业产业化龙头企业和农民专业合作社，扎实推进农业"接二连三"。目前，全县拥有省级产业化龙头企业4家，市级龙头企业14家，农民专业合作社482家，农业产业化联合体2家。二是在中央统战部的帮助下，广昌县不仅农业发展成效显著，工业产业发展也呈现出集聚效应。为此，广昌县聚焦培植食品加工和新材料两大主导产业，并围绕主导产业积极引进一批上下游企业，不断推进关联产业的集聚。同时，大力度扶持相关企业做大做强，全力扶持上市，志特新材料、广德环保、昇迪科技三家企业就在"新三板"挂牌上市。全县食品加工企业61家，食品加工产业发展势头迅猛，2017年10月31日，江西省工信委授予广昌县"江西省白莲产业基地"称号，同年12月，工业和信息化部同意广昌县为全国第四批产业集群区域品牌的试点工作组织实施单位，并积极推动其开展白莲产业区域品牌试点工作。三是在中央统战部的帮助下，广昌县第三产业也得到了蓬勃的发展。苏区振兴工作开展以来，广昌县成功创评1个国家AAAA级景区，4个国家AAA级景区，1个国家AA级旅游景区，2个江西省AAAA级乡村旅游点，5个江西省AAA级乡村旅游点，3个县级乡村旅游点。中央统战部引导和扶持电商产业发展，广昌县目前拥有电商企业和电商个体户500余家，已建设农村电商服务站点177个，2018年，全县电商交易额达9.3亿元，以江西省第二名的成绩顺利通过了第三批电子商务进农村综合示范县中期绩效评价。

三、中央统战部帮助广昌县加强生态建设和环境保护

从2012年开始，启动了为期十年的封山育林，坚持封育结合、管护并举，

切实做好抚河源头的保护工作，抚河源头的生态保护取得积极进展；2016 年 9 月，国务院下发《关于同意新增部分县（市、区、旗）纳入国家重点生态功能区的批复》，广昌县就被纳入此次国家重点生态功能区的批复中。在中央统战部的帮助下争取到广昌县列入省级第二批生态文明示范县，打造江西省生态文明"广昌样板"；同时还争取到了广昌抚河源省级湿地公园试点。全面落实河长制，呵护好碧水。广昌作为抚河源头，担负着下游上百万抚州人民的饮水安全，将治污净水工程作为生态文明建设的一项重要工作来抓，出台了河长制实施方案，确保饮用水源地水质实现 100% 年均值达标率。按照"户分类、村收集、乡转运（处理）、县处理"的要求，实施了农村清洁工程，美化好环境。从 2012 年至今，广昌县每年财政安排 1000 万元预算用于农村清洁工程建设，极大地美化了广昌县的农村环境。

自确定中央统战部对口支援广昌以来，中央统战部以炽热的感情、高度的责任心，高位推动对口支援工作，在充分调研的基础上，制定出台了《对口支援广昌县工作方案》，以项目帮扶、重大事项协调、开展一系列活动等方式做了安排，明确从政策措施、项目安排、资金投入等方面加大对广昌县的支持力度。"同心 振兴广昌示范区"工作持续开展。目前，在国家有关部委的大力支持下，尤其是中央统战部的对口支援和江西省统一战线的倾情帮扶下，广昌老区振兴发展工作取得了初步成效，25 万老区人民看到了真真切切的变化、得到了实实在在的好处。

第八章

抚州苏区推动中小企业发展的经验探索

抚州现有 1 个国家级高新区和 10 个省级工业园区，各工业园区的软件和硬件都相对完善健全，物流、金融、通信、商业等生产性和生活性服务业逐渐融入到工业园区当中。形成了机电汽车、生物医药、电子信息、食品加工、化工建材和有色金属加工六大主导产业，建成了抚州高新区汽车及零部件、崇仁变电设备、金溪香料、黎川日用耐热陶瓷、南城南丰食品加工等 10 个特色产业集群。

2019 年，抚州全市实现地区生产总值 1510.92 亿元，增长 7.9%；财政总收入 213.04 亿元，增长 6.1%；一般公共预算收入 129.24 亿元，增长 4.05%；规模以上工业增加值增长 8.8%；固定资产投资增长 9.2%；社会消费品零售总额 607.53 亿元，增长 11.7%；出口总值 139.87 亿元，增长 6.8%；实际利用外资 4.12 亿美元，增长 7%；城镇居民人均可支配收入 34518 元，增长 8%；农村居民人均可支配收入 16081 元，增长 8.9%；常住人口城镇化率达 51.35%，比上年提高 1.54 个百分点。2020 年 1~5 月，全市规模以上工业增加值同比增长 0.1%，居全省第四位，增速较 1~4 月提高 1.7 个百分点。全市累计实现工业用电量 15.33 亿千瓦时（不含线损），其中 5 月当月实现工业电量 4.13 亿千瓦时，同比增长 10.43%；累计实现工业税收 24.27 亿元，其中 5 月当月实现工业税收 5.03 亿元。2019 年 12 月 28 日，中国国际化招商引资合作与发展论坛在北京顺利举行，在论坛会议中发布了"第九届环球总评榜"。在此次活动中抚州斩获了"2019 中国投资环境质量十佳城市"。

据悉，评选"2019 中国投资环境质量十佳城市"参考依据了中国城市招商引资吸引力指数。该指数参考了最新的国家统计局关于各个城市发展的相关数据，对报名参选的 338 个城市进行系统性的筛选，在已有的客观数据基础上进行统计分析，再由相关领域专家给出评价意见，最终形成了综合排名评价结果。经过系统而严谨的初评、复评过程，抚州市在营商环境、城市国内影响力、产业发展影响力、生态环境、民生工程、社会经济、文化氛围、城市地理区位优势等多个指标的综合评选中表现亮眼，最终上榜。

不得不说抚州近些年的营商环境一直在持续优化提升的过程中。截至2019年10月底，抚州全市个体工商户达到102689户，注册资金达到1297018万元，从业人员达到251631人；实有私营企业达到35044户，注册资金达到17526378万元，从业人员达到328271人；农民专业合作社达到7728户，成员总数达到136346人，出资总额达到1250014万元。2019年1~10月，全市新开业个体工商户达到19744户，增加从业人员48385人，增加注册资金300895万元，与2018年同期相比分别增长20.05%、18.31%和14.14%；新开业私营企业达7827户，增加从业人员52193人，增加注册资金4519716万元，与2018年同期相比分别增长24.42%、40.31%和69.53%；新开业农民专业合作社732户，增加成员10838人，增加出资总额146283万元，与2018年同期相比分别增长1.01%、1.06%和0.82%。

从江西省政府质量工作考核和制造业质量竞争力指数排名来看，抚州市2017年位居江西省第七，实现连续两年进位，每年向前移两位。2018年有26家企业的28个产品申报"江西名牌"通过了初审，创下历年申报新高。江西志特新材料股份有限公司和博雅生物制药集团股份有限公司荣获"苏浙皖赣沪名牌产品"奖，崇仁县工业园区通过了"全国变压器产业知名品牌创建示范区"建设的核查，成为江西省本年度唯一批准筹建的示范区。在信用监管方面：抚州全市率先全面推行"双随机、一公示"抽查工作机制，开启部门联合惩戒新模式；抚州市企业信用监管警示系统共归集各类数据1696598条，全市共悬挂二维码信用名牌1600多个，实现了二维码诚信示范区全市全覆盖。在商事制度改革方面：推出了"电子签名"电子营业执照，办照全程电子化"一次不跑""只跑一次"落地；推出了"证照分离改革"和"外资企业登记一网通办"；大幅缩减涉企证照种类，推行"多证合一"的改革制度。在此背景下，国家市场监督管理总局整合证照事项24项，江西省工商局整合证照事项39项，抚州市整合证照事项51项，数据领跑全省；抚州把企业办理注册登记的行政审批时间在数字信息技术的助力下压缩为1个工作日，并实现企业注册到开办3个工作日完成目标，比国务院规定的企业开办时间8.5天，省政府的5天，分别提速5.5天和2天。大力推进"个升企"工作，目前已办理"个升企"742户，超额完成了省定、市定全年目标任务。其中完成江西省政府全年360户任务的206.1%，完成抚州市政府全年500户任务的148.4%。

不仅如此，近些年抚州新引进了投资 50 亿元的创世纪区块链云计算数据中心项目、投资 20 亿元的格瑞斯智能商业显示屏项目、投资 20 亿元的儒德超薄电解铜箔项目等一批重大项目，"5020" 项目实现县（区）全覆盖。临川区引进上市公司新元科技。优越的营商环境吸引了大批龙头企业入驻抚州，龙头企业的入驻又直接带来了产业规模的快速扩张，推动着现代工业的快速发展。抚州市高新技术产业、战略性新兴产业投资增速分别比工业投资增速高 11.9 个百分点、2.5 个百分点，金品铜科、大乘汽车等一批企业年销售收入超过 80 亿元，新增东乡经济开发区新材料、南丰工业园区绿色食品产业 2 个省级重点工业产业集群。数字经济迅速崛起，连续三年成功承办江西省互联网大会，抚州高新区获批国家新型工业化产业示范基地（数据中心类），抚州也成为江西省数字经济创新发展试验区，数据中心机架规模在江西省占比超过 50%，算力规模占江西省 49.6%，占中部地区的 8.4%。同时，抚州市的建筑企业也加快了企业的转型升级，诸如中阳建设集团已经进入中国装配式建筑企业 50 强，玉茗集团现代装配生产线建成投产，中阳广场工程（总部大楼）荣获"鲁班奖"，等等。

第一节　重视创业孵化基地建设

大众创业、万众创新是经济新常态下，利用政策杠杆作用，进一步激发人民群众的智慧和创造力、培育新业态、扩大就业增长点、推进经济发展的一项重大战略。创业孵化基地，就是在此大背景下建立的，为有志于创业的人员提供的创业平台。孵化基地犹如一个孕育企业的"温室"，给予在孵化期间的初创企业一定的创业服务和政策支持，模拟市场环境，辅助创业者补齐创业初期短板，降低成本，规避风险，平稳度过初创期，最后汇入到市场浪潮中，实现自己的商业价值，从而实现社会层面上的创业带动就业。抚州市的孵化基地在促进创新创业、带动就业、激活传递创业文化方面的作用日趋明显。目前，人力资源和社会保障部已认定抚州高新区中小企业创业孵化基地为"第三批国家级创业孵化示范基地"，成为江西省第三家，也是抚州市唯一的创业示范基地。

目前，抚州市已经将创新创业平台作为政府扶持创新的重要载体和手段，打造一批多层次的科技研发、项目孵化、创业服务平台。全力创建创科园。以工业园区为依托,整合工业园区科技创新平台等科技资源要素,积极鼓励高等院校、科研院所以及企业的技术研究院、研发与设计中心、实验中心、检验检测中心、技术转移中心等研发机构建设各类科技研发及信息服务平台。进一步深化推进创新转型发展,深化与闽台地区的定点招商,积极与发达地区的赣商、抚商商会开展合作,采用信息共享、利益分成的模式吸引客商投资,保障园区培育发展好技术服务市场、科技大市场,发展技术服务外包、科技中介服务业等,带动开发区向创新型开发区转型。发展"互联网+创业",打造一批"众创空间""创客"平台。大力发展市场化、专业化、集成化、网络化的"众创空间",全方位引进培育创业创新服务机构,集聚一批金融、保险、外贸、财务、税务、法律、管理咨询、知识产权保护、科技信息中介、人力资源服务、技术与流程服务外包类机构,实现创新与创业、线上与线下、孵化与投资相结合,为科技创新企业成长和个人创业提供低成本、便利化、全要素的开放式综合服务平台。综合运用政府购买服务、无偿资助、业务奖励等方式,对众创空间等新型孵化机构的房租、宽带接入、软件开发等给予资金支持。强化创业辅导,建设"创业导师+辅导员+联络员"辅导体系。争取2021年国家级众创空间和国家星创空间的数量达七个。抚州市孵化基地的建设经验主要包括以下三点:

第一,提升创业孵化基地的承载能力。承载能力是孵化基地带动就业的基本面,通过在空间上的优化布局,在行业和产业链上的不断丰富和延伸,才能最大化发挥孵化基地的创新载体、就业平台、创业摇篮作用,使孵化基地真正成为人才培养、科技创新、项目转化、带动就业的优质平台。一是大力巩固现有基地,提升就业承载能力。创业孵化基地是推动"双创"的核心载体,更是培育创业者、吸纳就业的载体,提升创业能力、扩大就业容量是最终目标。二是填补行业空白,提升行业承载能力。孵化基地是产业发展、行业承载的助推器,不仅要立足于地区产业优势,整合特色产业发展,更要结合"互联网+"的新业态,形成科技引领的新产业,填补本地区的行业空白,满足不同人群的不同创业需求,形成多行业承载、多项目聚集的效应。三是填补空间布局盲点,提升空间承载力。创业孵化基地分布要依托地域特色和产业布局进行合理布点。城市中可以众创空间为主,乡镇可以返乡农民工孵化基地为主,矿区可以技能加工基地为主,空间上应该做到多点布局,结构合理,形成产业聚集、空间优化的格局,使有创业意愿的人,均可就近就地入驻基地创业,发挥空间布局上的最大辐射优势和带动效应。近年来，抚州市高新区党工委、管委会高度重视高科技项目孵化、新业态经济培育，通过政策引导、资金扶持、场地支持、平台建设和领导挂点跟踪服务等方式积极鼓励和引导抚州籍才子返乡创新、抚商返乡创业，成功引进了罗敏（趣店集团创始人）、熊伟（盈盈易贷创始人）等互联网金融项目和北京交通大学机电工程博士易德福、澳大利亚籍西南威尔士大学安全科学博士肖福春等一批抚州籍客商、才子落户创业孵化基地创新创业。历年来，孵化基地累计孵化项目 173 个，优化清理项目 35 个，成功孵化 17 家企业入区购地建厂，当前在孵企业 81 家，实现年销售额 49861 万元，税收 3589 万元，提供就业岗位 1500 余个。

第二，提升孵化基地的服务能力。服务是孵化基地的推动点，也是孵化质量高低、创新创业成效的关键点。服务应该包含创业能力培训服务、融资服务、政策服务、抗风险服务等方面，如果服务跟不上，创业如同无源之水，任由发展，创新创业终将干涸。一是大力引进专业指导团队，提升综合服务能力。各级服务机构应转变角色，坚持创业孵化的"三导原则和四加模式"，由"大管家"转变为"服务员"。二是引进专业培训机构，提升培育指导能力。无专不精，优质的创业培训，不但能开拓创业视野，找准市场定位，更能使创业者借鉴成功经验，少走弯路。创业孵化基地也要引进并依托专业化的培训机构对正在孵化的企业开展创办能力、经营素质、创业管理、市场分析等方面的创业培训，增强企业参与市场竞争能力和驾驭市场的应变能力。三是将政策落实作为原动力，提升抗风险能力。政策支持是孵化基地成功的先导，通过政策支撑，能激发创业者放心创业、安心创业，减少后顾之忧。目前，抚州高新区中小企业创业孵化基地坚持对以创业带动就业进行了卓有成效的探索与实践，充分发挥孵化基地助力高新区经济结构转型升级与创新驱动战略实施，基地还先后获得了"国家级科技企业孵化器""全国青年创业示范园区""省级科技企业孵化器""省级众创空间"和"市级创业示范基地"等荣誉称号。

第三，提升孵化基地的孵化能力。孵化能力的高低是创业孵化的根本，孵化成功率和市场生存率的高低是检验孵化基地孵化能力和孵化成效的"试金石"。一是选好孵化"种子"，提升孵化能力。抚州市尤其注重通过孵化项目筛选、资源对接、前期投资、后期管理等一系列标准流程进行把控，防止出现创业者"创业初期的盲目性"和"创业过程中自生自灭的随意性"现象。二是建立考核体系，提升孵化能力。新事物在经过一段时间发展后需要进行一个客观的考核评判，这样才能发现问题，找准方向。抚州市对孵化基地的发展也遵循这样的原则，孵化的成败必须有一个评判标准和考核机制，把孵化功能的完善、创业的成功率、孵化企业的成长速度、出孵企业的生存质量，以及孵化基地对当地产业发展、创造就业机会情况等方面的贡献，作为考量孵化基地发展的必备因素，只有这样，孵化基地的发展才会始终把握住正确的方向。三是建立共生机制，提升孵化能力。一方面，抚州市鼓励基地内正在孵化的企业与管理运营基地的企业间形成联合开发、优势互补、利益共享、共同发展的产业链，形成一种共生关系。另一方面，抚州市还鼓励与行业和协会内的一些成熟企业间建立定期交流合作机制，使园内企业既能与运营企业共生共赢，又能得到行业成熟企业的帮带，多走平路和捷径，尽早适应市场气候，成功孵化出园。目前，由于抚州重视创业孵化基地的建设，使得中小企业快速成长，"专精特新"企业数量显著增加，根据江西省工信厅《江西省工信委关于做好2018年全省"专精特新"中小企业申报认定工作的通知》和《江西省"专精特新"中小企业认定管理暂行办法》两个文件中的要求，经过企业自愿申报、市县主管部门审核推荐、省工信厅会议审议、社会公示等程序，全省共认定350家企业被评为2018年"专精特新"中小企业，位于抚州的江西瑞博特生物科技有限公司、江西洁美电子信息材料有限公司、江西省广德环保科技股份有限公司等32家企业被评为2018年江西省"专精特新"中小企业。

一、崇仁品质土货触网"闯世界"

培育经济发展新动力和新优势成为崇仁县近些年来的目标。所以，崇仁县充分发挥本地特色农产品优势，加快建设农村电子商务孵化基地和服务网点，采取多种措施促进本地电子商务产业的发展，打造农村经济发展"新引擎"。

崇仁县大力支持建设电子商务孵化基地，在网络平台展示当地优质农产品，如：崇仁麻鸡、罗山灵芝、山茶油、六家桥黄花菜等产品。另外，为形成麻鸡规模养殖和山茶标准化种植，全资投建了1700亩大型生态崇仁麻鸡养殖基地和1200亩山茶油基地，标准化农产品质量，进一步提高了农业效益和农民收入。崇仁县还针对麻鸡、灵芝、红薯、冬笋、葛粉、黄花菜等农产业，专门设立电子商务网点，在全县建立农产品电子商务流通平台，逐步实现采购、生产、销售全过程电子化。同时，规划特色品牌建设，建设具有农产品产业特色的电子商务村。例如：通过对"崇仁麻鸡"品牌进行规划、包装和价值展示，将巴山镇里坊村、许坊乡谐源村、河上镇陈村打造成了著名的"麻鸡淘宝

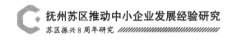

村",为农村新型电子商务经济发展提供了新的方向。

二、南城孵化基地为中小企业插上"科技翼"

2019年在北京召开的全国食品工业科技质量进步工作会议上,江西博君生态农业开发有限公司的"南丰蜜橘果醋液态深层分割式酿制工艺"荣获科学技术奖一等奖,这是江西省在此次大会上唯一荣获奖项的企业。该企业成立于2006年,从事集果业种植、农产品深加工、销售、科研项目推广为一体的农产品科技型企业。目前主要致力于农业的科技创新,近年来获得各类知识产权100多项,其中专利授权70多项,成功插上了"科技翼"。2017年12月1日,该企业在澳大利亚证券交易有限公司(ASX)成功上市。

南城县扶持县内企业自主搭建科研平台,鼓励企业向科技型、高科技、创新型企业转型,让更多的企业享受科技的力量。目前,江西省南丰蜜橘加工工程技术研究中心、江西省畲族化学工程技术研究中心、仙绿创业孵化基地、国美天城暨村淘电商创客空间四个省级及以上创新平台已经搭建完成。全县科技型企业共计17家,新增高新技术企业6家。同时,南城县还大力推进政产学研合作平台建设。先后与武汉大学、江西农业大学、江西中医药大学等多所高校签订平台合作协议,聘请朱培林、邓绍勇、黄丽莉、龚斌等专家担任南城县科技顾问等职位,近期在此基础上又增派了市县科技特派团来指导工作。全县目前在畜禽、水产品、食品、中药等行业的19家企业或专业合作社已有3个省级专家科技特派团和1个市县科技特派团提供技术指导服务。另外,在政府的推动下全县已有62家企业与科研院所、高校展开合作。

第二节　重视人才的引进与培育

众所周知,21世纪最贵的资源是人才,人才是决定地区竞争力的核心要素。抚州虽是才子之乡,但也是经济相对欠发达地区,长期以来人才流失严重,如何吸引人才、留住人才、用好人才一直是抚州转型发展的一块"心病"。新形势下,抚州市在秉持党管人才原则的前提下,不断解放思想,破解机制体制障碍，在吸引人才、培养人才、使用人才、留住人才上下功夫，让人才创新创造活力充分迸发，使各方面人才各得其所、尽展其长。抚州市政府一方面稳定人才存量，大力实施"千人计划"，加强对本地人才的本土化培育；另一方面实行增量管理，大力开展"双返双创"活动，制定了更加吸引人的政策，并进一步紧紧围绕支持新经济、新能源、新业态的发展目标，激发了人才的创新和创造力。

吸引人才就要搭建好施展才华的空间和平台，搭建好平台是发挥好人才最大效用的关键一环，只有良好的平台和空间才能最大限度地激发人才的创新创造创业活力。"种好梧桐树，才能引来金凤凰"，凤凰来了，如何才能让凤凰安家落户，下出金蛋？这就要求我们要种好、管好梧桐树，筑好凤凰巢，人才引进来了，才能为社会事业和经济的发展提供强大助力。搭建好平台，种好了"梧桐树"，还要将后勤配套保障平台建立起来，他们有施展才华和抱负的空间了，还需要安顿好他们的大后方，不能让后方保障不稳，影响才华的施展。不能让他们"抬头工作、低头流泪"，那样将难以留住人才，引进来的人才都将是过客。提高引进人才的保障水平，使他们在政治上受重视、社会上受尊重、经济上得实惠，真正享受到人才改革带来的红利。抚州市在吸引和引进人才的过程中，深知让人才安心工作才是留住人才的关键。抚州市按照"人才社区"理念，全面优化人才生活工作环境，其主要经验包括以下四个方面：

一是针对高层次人才，进一步保障其住房、子女教育、健康服务、老人照顾、文化服务、运动健身等需求；针对青年创业人群，进一步强化公共交通、时尚消费、休闲娱乐、社交环境、智慧城市服务等功能。鼓励人力资源服务机构、创业服务机构发展，在人才就业、居住集聚的区域建设"人才云服务平台"，实现抚州人才管理网络化和智能化。

二是政府积极转变工作方式，采取"政府搭台、企业唱戏、部门协同"的创新模式吸引人才、引进人才。大力整合各平台之间的互相协作。据统计，目前全市已有466家企业与472所高校等相关机构、87家研发机构、3个市级院士工作站建立了深度的战略合作关系，新建省级工程技术研究中心6个，博士后创新实践基地2个。目前抚州市已经拥有省级海智工作站1个，吸纳高层次人才198人，拥有创新团队3个。抚州市由科技合作带来的经济增长的贡献率超过52.2%，有力地促进了各个产业的快速发展。

三是注重人才的开发培养。人才在引，但不能过度依赖，要在开发培养上下足功夫、做好文章，把人才培养作为打基础、利长远的战略工程，实现人才积累的均衡发展。进一步完善培育人才配套措施，是打好人才培育关键战的前提，人才培育战要以紧盯长远发展的目标为基础，以紧跟当今经济社会发展的步伐和新要求为标准，科学地制定中长期人才培养规划，健全培养制度体系，整合各方资源，形成人才培养齐抓共管"一盘棋"的格局，实现培育人才常态化、规范化、制度化。打好人才培育关键战要重长远，只顾眼前、抓现成、出成绩，不异于饮鸩止渴；人才战略只引不育，等同于揠苗助长，建成的仅仅是空中楼阁。

四是完善培育人才体系。要积极探索"以引带育"的新模式，逐步完善培育人才的完整体系，健全人才培养新机制，全面放开搞活育才战略。为此，抚州市于 2017 年印发了《抚州市人才强市战略行动计划》，按照计划部署的相关规划内容，提出抚州市在科技、金融、医药、文化、建设等领域重点培育一批优秀本土型创业人才，一批科技领军人才等工作者，把本土人才送出去"订单式"培养，人才规模达到 5000 人以上。同时，各县、区、市政府直属单位也采取行动，张贴"招贤榜"引进人才。抚州市科技局出台了 30 项双返双创的激励机制和 16 项加强科技人才队伍建设的激励机制，南丰县出台了"蜜橘产业"和"百亿龟鳖产业"引才计划等，崇仁县制定了《变电设备产业人才引进实施办法》等。

一、抚州市硬核新政支持企业引育人才

人才难引、难留已成为近些年困扰抚州市企业发展的瓶颈。据不完全统计，2019 年全市各园区企业人才需求中，对全日制大学生（含技工）、硕士研究生的需求占 75.9%；高技能人才的需求占 20.4%。

为此，抚州市聚焦全市重大战略部署和重点产业发展，紧跟企业人才需求，出台《抚州市支持企业高素质和急需紧缺人才引进培育实施办法（试行）》（以下简称《实施办法》）。至此，抚州市基本构建起以"基础型人才、高素质型人才、高端领军型人才"为支撑的多层次人才政策体系，也将通过政策引领作用更有力地帮助和鼓励本地企业加快人才培养集聚。《实施办法》以前所未有的力度、开创性的做法，制定了 25 条硬核新政，包括企业高素质和急需紧缺人才的全方位加快引进、加强培育、优化服务、强化监管等方面。主要亮点有：

一是覆盖范围广。从适用企业看，包括全市各类规上企业、国家高新企业和国家科技型中小企业。从适用人群看，四类引进人才覆盖到重要人才工程人选、专家及世界名校、国内"双一流"高校全日制研究生等 10 种高素质人才，也覆盖到企业急需专业的技术和技能人才等 8 种基础型人才；培育人才全覆盖到企业的各类人才。

二是奖补力度大。《实施办法》中涉及引进、培育人才的优惠政策共 12 条，条条是干货，含金量较高。对引进人才，着力解决人才来抚州安家、住房、配偶安置和子女就学等切实关心的问题。其中：奖励补贴为 2 万~8 万元；住房保障中购房补贴为 2 万~8 万元，社会性租房补贴每月 400~1000 元，人才公寓或公租房补贴每月 200~1000 元。对人才培育，着力鼓励各类现有人才创新创造、提升能力、发挥作用，以此增强人才归属感和获得感。其中：研发资助及奖励最高达 30 万元；创新创业最高给予 300 万元的创业担保贴息贷款；知识产权质押融资补助最高 10 万元；对参加相关比赛的也分别由市级财政给予奖励最高 9 万元，同时财政部门还进行等额配套奖励；对企业人才"五个十"工程入选人员最高奖励 4 万元。此外，在人才薪酬待遇、职称和技能评定等方面都进行了政策倾斜。

三是服务管理实。为确保政策落地见效，《实施办法》明确各地强化组织领导、明确部门责任，设立"绿色通道"，保障经费落实，推行人才政策"一纸化"、兑现落实"一站式"、联系服务"一对一"模式。

二、广昌县三举措推进人才强县战略

秉承事业造就人才，时事成就人才的原则。广昌县牢固树立人才资源是第一资源的观念，坚持科学的发展观与科学的人才观有机统一，紧密统筹好发展这个"第一要务"与人才这个"第一资源"关系。开展并实施了一系列人才强县战略。

一是开展优秀人才评选活动。广昌县出台《广昌县乡村振兴战略人才发展计划实施方案》，在全县范围内开展技能能手、优秀农村实用人才评选活动，着力发现、培养、储备、评选一批优秀莲乡乡土人才，为乡村振兴提供有力的智力支撑和人才保证。

二是实行"3+2"人才合作计划。为缓解计算机应用、电子电器维修和幼师等领域人才紧缺情况，该县与省内各大院校合作，实施"3+2"中高职对接五年培养合作计划。目前，已与两所高校合作，计划秋季招生 330 名初中毕业

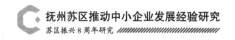

生，为园区企业、各大幼儿园提供人才储备。

三是出台乡村振兴人才发展计划。深入实施乡贤"回归"、新型职业农民培训及"一村一名大学生"等乡土人才挖掘培育三大工程，引导乡贤带项目、带资金、带乡友回乡投入乡村振兴一线。截至目前，该县乡贤已成立14项助学助教基金，募集资金2000余万元；30余名乡贤返乡创办企业、参与社会治理，拉动投资1.19亿元；开展新型职业农民培训30余期，培训1400余人次；培养100余名农民大学生。

三、广昌县"人才共享"模式为乡村振兴提供智动力

移动互联网时代，共享经济正慢慢渗透我们的生活，"共享"一词也成为了当今社会的一个热词，从"共享单车""共享汽车"到"共享技能""共享创意"，共享的内容从有形的物质层面逐渐向无形的智力层面延伸，人们正迎来一个"无共享不生活"的时代，过去"既求所有，又求所用"的观念逐渐变成了"不求所有，但求所用"。在这样一个时代下，人才的获取、使用和占有的方式也将发生根本性的转变，我们要用共享的理念去使用人才，确立人才的可"共享性"，让人才资源在全球范围内灵活的共享和使用，成为当今共享的"流行"。

"单打独斗"不如"联手共赢"，广昌县的"人才共享"模式为人才和项目合作提供了新的共赢方式，使人才资源、企业项目、科研成果能够走出企业、走出行业，推动"结对联姻"、借脑创新、融合发展。加强人才与人才的"物理对接"。以人才发展需求为导向，构建互助式、带动式、互促式人才对接模式，拓展区域人才交流互动渠道，发挥国际化高端人才、行业领军人才对创新创业人才、中低端人才的带动作用。加剧产学研用合作的"化学反应"。通过资源整合，推动各类成果对接转化，形成彼此受益、合作共赢的生动局面。着力打通科研人才流动通道，促使科研人才资源和力量向企业、生产一线倾斜，鼓励高校和科研院所等事业单位科研人员在履行所聘岗位职责的前提下到企业兼职，使人才链、创新链和产业链有效衔接，加快推进创新成果的有效转化。不断拓宽社会力量参与人才工作的路径，推动社会组织、海外机构、人力资源中介等各类社会力量参与人才引进、人才评价等关键环节，支持鼓励企业、科研机构、投资机构、行业组织等社会力量共同参与到众创空间建设运营，实现资金共同投入、项目共同开发、技术共同攻关、利益共同分享。总结起来，广

昌县的"人才共享"主要有以下三种典型模式：

一是"候鸟式共享"补齐高层次人才短板。该县采用举办全国性高峰论坛、邀请讲学、进行咨询、人才租赁、"一团队一策"等"候鸟式"共享模式，柔性引进200多名高层次、高素质人才向基层流动。截至目前30多名专家学者先后考察并指导了农业产业发展。

二是"下派式共享"释放人才发展新活力。广昌企业人才赖克腾研发莲子去皮生产流水线，助力企业发展生产；深圳广昌籍乡贤集体捐赠600万元，助力实施茶薪菇大棚光伏发电项目；科技特派员谢远泰带资金、带技术下基层，助力发展茶树菇仿野生种。

三是"借鸡生蛋式共享"培育农村新能人。深入实施新型职业农民培训工程、"一村一名大学生工程"，利用省内职业院校资源大力培养农村实用型人才。近年来，江西省广昌县农村实用人才总量每年增长率保持在30%以上。

四、抚州"云招聘"，破解引才难题

云招聘是指通过在线的云应用来管理企业招聘需求计划，职位发布与管理，候选人申请，候选人面试、测试、评价、聘用等一些招聘管理活动。"云招聘"最大的特点莫过于快。"浏览岗位快、投递简历快、面试流程快、结果通知快"，这"四快"，让"宅"应聘成为可能，给不少找工作的毕业生带来了便捷。一边是"史上最难"的874万高校毕业生，一边是提供中国超八成就业岗位的数千万中小微企业，云招聘让这一切变得没那么复杂了。

为了更好地吸引优质人才，抢占人才市场的高地，抚州市积极响应时代发展的变化。2020年6月30日上午，由抚州市委组织部、抚州市人力资源和社会保障局主办的"智汇才乡、梦圆戏都"2020年抚州市引进高层次、高素质和短缺人才网络云招聘活动，在抚州市数字街区正式启动。

随后，江西中医药高等专科学校、市农业科学研究所、博雅生物集团股份有限公司等七家重点企事业单位通过云直播推介本单位引才政策、用才环境，并在线回答网友的热点问题，线上直播平台吸引在线观看交流人次达29.21万，活动获得了引才双方的一致好评。这是抚州市首次举办网络云招聘活动，为宣传抚州市当地人才政策、破解招聘难题提供了强有力支持，同时为抚州市今后开展类似招聘人才活动做出了有益探索。

此次抚州市首次举办的云招聘会共组织了129家高校、科研院所、国有企业、民营科技企业和上市公司参加，提供了436个岗位，948个职位，其中博士需求99个、硕士需求383个、本科需求466个。当日，参加线上云面试单位21家，提供职位需求317个，其中博士需求89个、硕士需求95个、本科需求133个。活动启动以来，累计收到投递简历177份，其中博士8份、硕士88份、本科81份；参与线上面试人数129人次，其中博士6人次、硕士67人次、本科56人次；达成初步意向人数共81人，其中博士2人、硕士44人、本科35人。招聘活动还将持续进行，求职者将继续通过登录相关网站与用人单位进行联系、预约面谈。

第三节　重视工业园区的升级与发展

　　抚州市非常重视工业园区的发展与建设，深知工业园区的建设在对园区内中小企业发展与企业向高端转型升级过程中所起到的关键性作用。因此，未雨绸缪地对各县（区）工业园区的基础设施建设、融资服务，以及安居工程建设、交通服务等都做了大量的工作，强化对园区产业发展的指导，推动产业要素集聚，引导重大产业项目向园区聚集，推动优质资源向优势产业集聚，使园区成为区域经济发展的增长极。对于分布在全市各地的传统优势产业，以强化空间布局为先导，优化资源配置，完善产业链配套，鼓励企业入园抱团发展，实施"飞地经济"，因地制宜建立创新产业集群。截至2019年1月，抚州市工业园区的基础设施投入达到了153718万元，新增工业用地1994亩；目前在建公（廉）租房面积达到了153500平方米，已竣工545624平方米，户数有13937套，可以安置居住人员近3000人。交通方面在工业园区设置了公共交通服务站台189个，覆盖里程245.2千米。规划商业区面积达到2403739平方米，其中已完成商业区建设面积807970平方米。建设医疗服务机构17个，幼教及小学场地71个。园区内省级产业基地共有企业总数达655个，其中主导企业370个，配套企业275个。园区绿化总面积29609.4亩，绿化覆盖率达35.3%。园区生活性配套设施建设有了一定改善，园区面貌焕然一新，极大地促进了中小企业向高端迈进的信心。2018年抚州市工业园区主要发展指标如表8-1所示。

表 8-1　2018 年抚州市工业园区主要发展指标

	指　标	2018 年
经济发展	主营业务收入（亿元）	1396.4
	工业企业主营业务收入增长率（%）	10.58
	工业增加值（亿元）	424.94
	工业增加值增长率（%）	9.0
	固定资产投资增长率（%）	10.7
	税收收入（亿元）	60.3
	税收增长率（%）	13.5
	当年新增规上工业企业数（家）	85
科技创新	高新技术产业增加值占工业增加值比重（%）	21.5
	规上工业 R&D 经费支出占主营业务收入比重（%）	0.73
	当年新增发明专利授权数（个）	82
	当年新增省级以上名牌产品数（个）	19
	当年新增国家级高新技术企业数（家）	122
开放水平	实际利用外资（亿美元）	3.85
	实际利用外资增长率（%）	9.0
	实际利用省外项目资金（亿元）	522.45
	实际利用省外项目资金增长率（%）	10.15
	进出口总额（亿元）	141.33
	进出口总额增长率（%）	5.8

资料来源：抚州市发展和改革委员会、统计局、科技局、商务局、生态环境局。

一、崇仁推进园区经济向高端升级

崇仁工业园区是 1996 年设立的乡镇工业小区，前身为崇仁县乡镇工业小区，1996 年底被国家农业部门评为"全国乡镇企业东西合作示范区"，2006 年 3 月经江西省政府批准设立为"崇仁工业园区"，2008 年被授予"江西省设备产业基地"，2011 年批准为"江西省生态工业园区试点单位"。崇仁工业园区位于崇仁县城东面，全园区按"一区多园"（崇仁工业园区、天台产业园、高新科技园、永康工业园、机电产业园、盛世创业园）建设，规划面积 20 平方千米，实际开发面积 7 平方千米。园区距县城 2~10 千米，正在建设的抚吉高速公路穿过园区，到抚州市 20 分钟左右，到省会南昌 1.5 小时，京福高速、沪瑞高速擦边而过，园区内多丘陵和山地，原地貌属缓坡地、菜地或旱地。按照总体规划及产业发展规划布局，园区内初步形成纺织服装、有色金属加工、机电制造、食品药品、轻工化工五大板块，吸引了众多相关行业中小企业的聚集，产生了聚集效应。园区发展至今，先后获得了"全国乡镇企业东西合作示范区""江西省首届投资环境先进县""省级工业园区建设先进单位""全市县（区）工业园区先进单位""全市优强工业园区""江西省生态工业园示范区"等荣誉称号。

不仅如此，崇仁县工业园区还精心培育"专精特新"企业，引导企业进行自主创新和产业升级，打造"专精特新"产品，提升企业核心竞争力。根据专业化生产、专有技术和精湛工艺的要求，全县制定了《关于支持"专业创新"企业发展的意见》，引导企业选择一个或多个方向，形成自己独特的发展模式。建立"专精特新"企业培育信息库，每年选择一批企业进入培育信息库，优先考虑政策、资金、人才、服务等。对重点企业实施"一对一"援助，并设立 500 万元专项资金，支持企业走"专业化、创新化"发展道路。目前，全县 80% 以上的企业实施了企业技术创新计划，投入技术研发资金近 10 亿元，实施产学研合作项目 100 多个，形成了多层次、宽领域的技术创新体系。同时，建设企业公共服务中心，为企业提供全方位服务。加强企业信用体系建设，创新融资方式，加强企业家培训，护航"专精特新"企业，促进企业健康发展。

二、乐安县工业园区助力新兴产业异军突起

为实施"主攻工业、决战园区、赶超发展"的城市战略，乐安县委、县政府于 2006 年 4 月宣布进一步加快乐安工业园区的建设和发展，正式将原"乐安县乡镇工业开发区"更名为"乐安工业园区"。乐安工业园区坚持以科学发展观为指导，按照"工业园区化、园区城市化"的发展理念，全面完善基础设施和配套设施，目前已初步形成了由前坪工业区和公溪工业区构成的"一园两区"的产业新格局，其中前坪工业区已开发面积 1.3 平方千米，入驻了祐丰电子、可尔实业、广雅食品等重点企业，形成了电子、服装、食品特色产业园区；公溪工业区已开发面积近 1 平方千米，入驻了中金铅业等重点项目，形成了化工、金属加工特色产业园区，带动了一批相关特色中小企业的集聚发展，取得了不错的发展成绩。

第四节　重视促进特色产业的形成与发展

2019 年，抚州市饮用水水源水质常年达到或优于 Ⅲ 类，达标率为 100%；市中心城区 PM2.5 浓度均值为 37 微克 / 立方米，空气质量持续位居江西省前列。这些年来，抚州市始终坚持"绿水青山就是金山银山"的发展理念。目前，抚州市通过大力发展特色产业，取得了非常好的发展成效，带动了一批中小企业的快速发展，不仅保护了生态环境，还提升了城市的生态文明建设水平，更使得抚州的特色产品更加具有生态品牌价值。在政府和百姓的共同努力下，打造出了"美丽江西"的"抚州特色发展样板"。

一是打造具有抚州特色的绿色生态农业品牌。被誉为"赣抚粮仓"的抚州市物产富饶，农业是其特色产业之一。绿色生态农业生产基地和现代农业示范园区的建设，为绿色养殖带来了更多发展空间。近年来，抚州市农业发展形成了"一县一业""一乡一特""一村一品"的特色产业发展格局，带动了一大批中小企业的扎根发展，被农业部认定为绿色、有机、无公害及地理标志农产品已达 603 个，有效推动了当地农业的增效、农企的发展、农民的增收。

二是推动抚州特色产业的绿色发展。抚州积极推动特色产业的绿色发展，在提升绿色生态农产品质量的过程中，抚州市按照"高产、优质、高效、生态、安全"的要求，制定出以绿色农产品为主体的地方标准 33 项，建成全国绿色食品原料标准化生产基地 7 个，总面积 70 万亩；建成国家级水产健康养殖示范场 47 家，示范面积 11 万亩；建成国家级畜禽养殖标准示范场 16 家，畜养殖规模达 11 万头、禽养殖规模达 400 多万羽；建设国家级蔬菜茶叶水果标准园 13 家。除了传统农贸产品，诸如抚州的竹材也是当地的特色绿色生态产品。抚州资溪竹科技产业园，作为江西省首个竹科技产业园，资溪竹科技产业园与林业科研院所、国家先进专业技术院校合作，把科研技术转化为经济效益。其核心产品"户外高性能竹材料"曾获国家科技进步二等奖。抚州竹材产品由于其绿色、环保、美观、耐用等特性，在国内外许多大型公共建筑中均有使用，如港珠澳大桥景观岛的观光栈道、西班牙马德里国际机场等。

三是抚州特色生态旅游激活发展动力。抚州各县区在保护、治理生态的同时，还挖掘出更多生态资源，大力发展乡村旅游、民族文化旅游等产业。南丰"橘园游"、乐安金竹飞瀑、金溪竹桥等旅游项目吸引了不少省内外游客。抚州通过实施旅游强市战略，将当地的文化、生态、古村等资源优势转化为发展优势。旅游产业成为了抚州科学发展、绿色崛起的特色主导产业和战略性新兴产业。在抚州市，这样的特色原生态旅游地还有很多。比如，在抚州市临川区的罗针镇田园综合体里，游客们可以到大棚内通过采摘活动来体验农事乐趣。不仅如此，漫步在临川区嵩湖乡江下村龙鑫生态农业园，游客们还可以体验山上捉鸡、水库钓鱼、山林赏景等活动，尽情享受乡村田园生活。

2020 年 6 月 16 日上午 9 时，由江西省商务厅指导，京东集团、抚州市商务局、市农业农村局、东乡区人民政府等部门主办，东乡区电商办承办的抚州市首届电商直播网购节在东乡区电商创业园火热进行。

东乡竹荪、黎川瓷煲、资溪白茶、广昌莲子汁、宜黄金丝皇菊、临川菜梗、崇仁麻鸡、南城麻姑米粉、乐安蜂蜜、南丰红薯粉丝、金溪生态米和藕丝糖等近 200 个具有抚州特色的产品上架参展热卖。为了让广大网友更深入感受抚州，寻味抚州，全市 13 个县（区）均准备了富有特色的产品参与当天的直播活动，并以最大的优惠力度让利给消费者。活动当天，副市长谭赣明及东乡、黎川、乐安等县（区）领导先后走进直播间，推介特色产业和特色产品，广受网友点赞好评。其中，副市长谭赣明在东乡主会场直播间为抚州特色产品进行的推广宣传，累计观看人数突破 120 万人次，当天直播售出抚州特色农品和产品 224.9 万元。

此次直播网购节涉及抚州的诸多特色产业的特色产品、日用陶瓷、家居用品、房产、文化旅游等，为商贸复苏注入了一股强劲的新鲜力量。活动为期两天，通过"市县（区）领导直播＋融媒新闻主播＋农产品种植农民＋企业负责人＋网红主播"等多种形式，以京东直播平台为主，开展农产品推荐、品牌商品秒杀等活动，同时还将采取电商企业自播、网络主播个体助力、传统工业企业电商培训等方式，进一步推广电商直播新业态、新模式，助力商贸消费升级。

据统计，截至 2020 年 5 月 16 日晚 21：00，抚州市首届电商直播网购节累计观看人数超过 1100 万，销售总金额达 5287 万元，抚州特色农产品销售额 320 万元。甚至部分房企也通过直播活动，引导成交房产 118 套，成交面积 1497.34 平方米，成交总额达 4523.53 万元。不仅如此，抚州市的各个县还有相应的直播分会场，如黎川县分会场吸引 118 万人观看，线上销售当地特产产品超过 150 万元；乐安县分会场直播观看人次 130 万人，线上销售当地特产产品近 60 万元；广昌县分会场直播观看人次 33 万人，销售当地特产产品超过 8 万元；广昌县良哥，乐安雷蕾酱、小军哥、四姑娘等本地主播响应号召积极助力各县（区）特色产品网络销售，观看人次超过 73 万人，实现销售当地特产产品 20.3 万元等。同期举办的产品线下产销对接会上，各县区产品现场销售额 10.4 万元，签订销售合同 67.9 万元，达成意向订单 92.3 万元。后续，抚州市仍将继续依托京东产业带直播基地等平台持续开展直播培训，支持电商创新创业，孵化更多的直播机构、企业，扩大抚州特色产品的网络知名度。

第五节　重视解决中小企业融资问题

我国中小企业规模小，产品结构单一，发展能力较低，缺乏健全的财务管理体系，在经济环境发生变化时处于被动地位，抵御风险能力弱，导致其还债能力低下，取得的融资较少。因此，为了解决中小企业发展过程中的上述融资硬伤，抚州市政府加大政策扶持力度，加大涉企征信数据、金融资源、惠企政策和涉企服务等资源整合力度，畅通企业信用信息查询机制，为金融机构提供一站式信用信息查询服务，加强银保合作，加强金融机构对企业复工复产政策的落实，助力解决企业融资过程中的"涉企信息碎片化、银企信息不对称、企业风险评估困难、授信审批流程长、惠企政策分散化"等痛点问题，帮助企业更高效、更低成本融资。同时，还大力推广"小微快贷""手机秒贷"、知识产权质押融资等信贷产品，适度下放信贷审批权限，整合业务办理环节，对小微企业信贷业务实施模块化运作、批量化审批，大幅压缩企业贷款审批时限。具体做法及经验包括：

一是提高资金使用效率。不断创新财政投资体制机制，通过政府与社会资本合作模式，转变财政投入方式，加大财政资金杠杆，推动实现政府与民间资本的"双赢"。突出龙头企业引领作用，强化基金市场化运作，确保财政资金滚动投入、持续增效；坚持"投""引"结合，强化政银、政企合作，不断做大做强财政资金杠杆能力，增强"税贷通""科贷通"等财政金融产品对产业资本的吸附能力，多渠道、多领域撬动更多社会资本支持县区产业发展。

二是鼓励金融机构在县（区）内开办分支机构。办理国际结算和外汇服务业务，积极支持企业开展跨境人民币结算试点。探索应收账款、知识产权、林权、矿权、仓单质押贷款、股权质押融资等多种抵押融资担保形式。支持设立股权投资基金，发展创业投资。

三是建立健全中小企业融资担保和信贷体系。支持全市农商银行、村镇银行、小额贷款公司、融资性担保公司等各类机构健康发展。鼓励抚州市金控融资担保集团依法依规增加再担保业务经营范围，推动其积极对接国家融资担保基金，努力契合国家融资担保基金导向，争取国家融资担保基金政策早日落地，增强抚州市融资担保公司资本实力和抗风险能力。

四是鼓励企业融资。对通过发行股票、企业债券、短期融资券、中期票据、集合票据、信托股权等方式成功融资的企业，政府可给予适当奖励。支持符合条件的企业设立财务公司。对企业上市过程中涉及的重大问题，有关职能部门按照"特事特办"的原则，搞好政策指导与服务。

一、抚州创新金融服务举措，全力支持中小企业发展

一是优化企业融资环境。完善一月一调度银企对接制度，各县（区）和金融机构每个月定期开展形式多样、线上线下的政银企对接活动。同时，大力开展线上对接、远程服务，开辟快速审批通道，简化贷款审批手续。

二是拓宽企业融资渠道。不断拓宽企业融资渠道，设立产业引导基金、吸引社会资本开展 PPP 融资、发行债券等。在组建市科技创新、市重大工业项目、市高新产业三只政府产业引导基金的基础上，又启动新一代信息技术产业基金、猕猴桃产业基金、绿碳美元基金等设立工作。抚州市投资（集团）公司新发行 5 亿元中期票据和 8 亿元非公开定向债务融资工具，临川、崇仁城投公司分别新发行 5 亿元、0.11 亿元私募可转债。

三是满足企业融资需求。全市土地承包经营权和林地使用权"新两权"抵押贷款余额达 11.7 亿元，开展 6 笔共计 1.4 亿元的专利权质押贷款；中国银行为 36 家科技企业投放共计 1.24 亿元"科贷通"贷款；建设银行发放 68 笔共计 603 万元的"林农快贷"产品，并积极开展"云税贷""云电贷""小微快贷"等小微信贷产品；农商行创新推出"畜禽智能洁养贷"贷款模式，已完成 5 家生猪养殖企业共计 1120 万元贷款发放。组织收集全市 14 家金融机构 32 款小微企业信贷产品及全市 1619 家企业或项目融资需求，金额达 482.57 亿元。

截至 2020 年 3 月 31 日，全市新增贷款达到 151.67 亿元，贷款余额首次突破 2000 亿元。

二、崇仁县金融创新"贷"动妇女创业

近年来，崇仁县通过创新金融产品、开创直接融资模式、建立服务平台等针对性强的金融服务，切实帮助园区中小企业解决资金难题，助力实体经济平稳健康发展。

一是创新金融产品。该县积极鼓励金融机构围绕县内支柱产业、特色产业创新金融产品，用好"科贷通""财园信贷通"等平台，缓解企业资金难题。2020 年以来，已有 77 家企业通过"财园信贷通"获得总计 3.97 亿元贷款。

二是开创直接融资模式。该县积极与江西联合股权交易中心开展合作，引导县内重点企业在江西联合股权交易中心发行私募可转债，实现企业直接融资零的突破。目前，已有 5 家企业成功发行私募可转债 5.015 亿元。

三是建立服务平台。该县设立了工业园区金融服务站，为园区企业提供一站式服务。持续推进开展"智慧支付示范县"建设工作，实现了县域智慧公交的全覆盖。同时，与蚂蚁金服集团合作实施"智慧县域＋普惠金融"项目，去年蚂蚁金服旗下网商银行累计向该县发放贷款 6.1 亿元。

此外，崇仁县农村商业银行还为有创业意愿的创业妇女提供信贷支持。鉴于开办早期企业的困难，对符合国家产业政策的创业能力和创业项目，结合当地现代农业政策和妇女创业就业扶持政策，通过现场调查、现场核实、电话查询和信息咨询，掌握基本情况，开展信誉工作。详细调查妇女申请贷款的具体情况、诚信状况和身体状况，登记并确保家庭状况清晰、社会关系清晰、行业发展明确。建立完整的女性贷款档案和女性微型担保贷款项目数据库。"一户一档"的要求是跟踪女性企业家的项目质量和销售回报。如果发生影响贷款安全的风险，应及时采取相应的风险预防和控制措施。

三、南丰打好金融组合拳激发中小企业新活力

近年来，南丰县坚持以实体经济为主体，不断加强金融与企业的合作，努力实现"降成本，优环境"的金融结合，有效地帮助企业解决融资问题。用金融的手段刺激了中小企业的发展。

振宇实业集团有限公司是一家主要从事竹席、竹地板、生态复合板等产品的企业。由于资金问题，该公司的新生产线被推迟。经南丰工业园区积极安排工作人员进行深入公司调查后，在资金保证下，公司成功引进了年产16万立方米的生态复合板生产线。生产的竹木生态板一经上市，便获得市场认可，年产值超亿元。公司负责人表示，公司已获得贷款1000万元，提高了生产能力，使公司对未来的发展充满了信心。在资金充足的同时，县政府仍在继续加大对中小企业的扶持力度，通过中小企业担保贷款、贴现贷款等方式支持中小企业发展。截至目前，该县"财园信贷通"的贷款余额为2亿元。自2016年以来，该县共为115家企业提供了6.1亿元人民币的贷款支持；4.6亿元人民币的小额贷款直接支持85位企业家创业，带动就业1236人。此外，南丰县还设立了中小企业专项周转资金偿还贷款，有效解决了"过桥资金"拆借问题，降低了中小企业的融资成本。

截至目前，该县已为佰仕通电子科技、瑞云汽配、梦龙果业、华夏五千年生态酒庄等78家重点企业发放了262笔还贷周转资金，共计13.4亿元。为企业节省了超过3200万元的融资费用。

同时，该县还积极建立了与政府、银行和企业的互动交流平台，并成功促进了该县的9家银行业金融机构与17家公司现场签约2.2亿元。引导企业自主创新，出台相关的创新激励政策，进一步激发企业的创新活力和内生发展。2018年，全县累计为企业科技创新奖励153万元。

第六节　　重视营商环境的持续提升

众所周知，我国市场主体已经进入"亿户"，绝大多数是中小微企业，中小企业抵御风险能力较弱，产业层次较低，成本敏感度高。要解决中小企业遇到的难点和痛点，政府需当好"店小二"，该放的权放彻底，服务要服务到位，对待企业的理念需发生根本变化。此外，对中小企业发展过程中遇到的困难，要"一企一策"给予帮助。严格禁止各种刁难限制中小企业发展的行为，对违反规定的需要问责追责。同时，政府要鼓励与支持推动中小企业转型升级，聚焦主业，增强核心竞争力，走专精特新发展道路，培育一批主营业务突出、竞争力强、成长性好的专精特新"小巨人"企业。

对一个地方发展来说，良好的营商环境是中小企业发展壮大的重要抓手，是地方软实力的最好体现。近些年，抚州市政府积极培育最优营商环境，切实把国家及省市相关政策落到实处，为中小企业实现更好发展创造条件，具体经验包括以下几点。

一是持续简化优化办事流程。各政务服务大厅开设开办企业专窗，依托江西省企业开办"一网通办"服务平台，打通市场监管、税务、人社、公安等部门数据接口，做到企业开办只需"登录一个平台、填报一次信息"，压缩到开办企业 1.5 个工作日内办结营业执照、公章、申领发票、员工参保登记、银行开户，提供市县（区）中心城区范围内 0.5 个工作日内送达邮寄服务。同时优化项目建设审批流程，推行并联审批、"六多合一"，实现"一张蓝图"统筹项目实施、"一个系统"实施统一管理、"一个窗口"提供综合服务、"一张表单"整合申报材料、"一套机制"规范审批运行。最后，持续开展"减证便民"行动，全面清理奇葩证明、重复证明等各类无谓证明，收集审核调整取消证明事项共 87 项。

二是进一步减税降费。坚决贯彻落实各项减税降费政策，进一步清理规范行政事业性收费和政府性基金，切实减轻企业负担，确保企业"轻装上阵"，焕发活力。全面落实国家结构性减税政策，积极落实简并增值税税率工作，扩大小微企业所得税优惠范围政策，落实企业改制重组、兼并重组税收优惠扶持政策和支持科技成果转化的相关税收政策。

三是严格规范公正文明执法。畅通评价渠道，完善政务服务"好差评"评价体系。建成以现场服务"一次一评"和网上服务"一事一评"为主，社会各界"综合点评"和政府部门"监督查评"为补充的评价渠道，方便企业和群众现场评价、网上评价。将"好差评"结果纳入全市营商环境评价、高质量发展和绩效考核指标体系，倒逼政府部门不断改进工作。深入推进行政执法"三项制度"改革。目前，抚州市共建立行政检查监测点 122 家。

四是高度整合公共法律资源。完善江西政务服务网抚州分厅和"赣服通"3.0 版抚州分厅两个平台建设，推动政务服务向基层延伸，加快推进各部门自有业务系统与全省"一窗式"综合服务平台对接，推进区块链技术的数据共享体系建设，促进数据互联互通、业务协同应用，实现更多事项线上可办。

五是加强矛盾纠纷排查化解。各级政务服务大厅设立集法律咨询、司法鉴定、法律援助、公证服务、仲裁事务于一体的公共法律服务中心。推进一站式

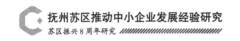

多元解纷机制、一站式诉讼服务中心两个一站式建设，实现人民调解、行业调解、行政调解等纠纷解决机制的有效对接，全面建设集约高效、便民利民的多元解纷机制，努力实现民商事案件在诉讼前端解决。

一、崇仁弹好优化营商环境"三部曲"

近年来，崇仁县多措并举，持续加强营商环境建设，在政策落地、园区管理、服务保障等方面精准发力，弹好优化营商环境"三部曲"，积极构建"亲、清"新型政商关系，努力促进地方企业高质量发展。

弹好企业减负"前奏曲"。该县把企业增动能抓在实处，深入企业调研，倾听企业心声，精准开展降成本优环境专项行动，严格落实省市县三级政府关于企业"减负"的相关政策，使企业最大限度地享受政策红利，确保各项政策落实到位、资金减免到位。

吹好园区升级"渐进曲"。该县把园区发展摆在重中之重的位置来抓，大力实施园区"两型三化"（环境友好型、资源节约型；智慧化、绿色化、服务化）管理提标提档和"满园扩园"行动，全面清理闲置土地，做好腾挪空间、盘活存量的乐章，做好集聚高端要素、扩大增量这篇大文章，腾笼换鸟、栽桐引凤，为园区提档升级扫清障碍。

奏好招商引资"交响曲"。该县积极打好"乡情牌"，扎实开展"三请三回"工作，邀请崇仁籍企业家回乡考察投资兴业，参与家乡发展建设。同时，打好"双返双创"升级战，在平台项目、培养培训、服务保障等方面，给予投资企业全方位支持，确保项目顺利落地。

二、金溪完善制度营造一流营商环境

为营造一流的营商环境，金溪县制订并完善了一系列制度，简化办事程序，设置了重点项目"绿色通道"，推行"红色代办"服务，根据项目进程"先办理，再补签"，次要材料欠缺的，可"先受理，后补齐"。在实施审批过程中，坚持"快速、高效、便民"的原则，各窗口积极配合，互相沟通，及时协商解决相关问题。对达到一定标准的重大招商引资项目实行"一企一策""一事一议"，严格兑现招商引资承诺，形成"落地一个项目、引来一群企业、培育一个产业、赢得一片信任"的综合效应。评选最差窗口，采取"定额不定人、随机抽选"的办法，从园区企业代表、个体工商户代表、社区居民代表、"两代表一委员"、前来行政服务中心窗口办事的群众等各类人员中，随机邀请约200人，对县行政服务中心各服务窗口进行评价，对被评选为最差窗口的单位在全县进行通报批评，并对单位主要领导进行约谈。

不仅如此，金溪县还规范工业园区执法，要求入园检查必须向县委、县政府报备后，由园区管委会负责同志陪同，并明确执法全过程留痕，处罚企业必须经过分管县领导同意，关停企业必须经县政府常务会议集体研究决定，坚决杜绝执法简单化、粗暴化。完善问责机制，进一步提升工作人员服务意识，彻底解决"小鬼难缠""中梗阻"等现象，对经核实出现推诿、拖延等现象的，从严问责，这极大地提升了工作人员的主动服务意识，营造了良好的政商环境。

三、乐安优化营商环境助推中小企业高质量发展

近年来，乐安县一直坚持改善经营环境，将其作为一条"生命线"，以促进中小企业的发展。关键是采取以下三个对策。在这一阶段，该县被授予"全市非公有制经济发展先进县"的称号。

一是创新理念，发展新型经济。该县坚持把互联网经济和新经济作为投资合作的重点领域，认真建设新能源技术和物联网技术"双百亿"完整产业链，培育完整产业链。2019年10月，包括GPS方案、车辆导航、雷达预警、车辆工业设计的威仕特汽车导航有限公司将公司从深圳迁至乐安县厚发工业园，成为该县第一家重点汽车联网平台公司。此外，威仕特、云智易联、掌护医疗、酷电、新邦新能源等13家公司也全面引进，形成产业链集聚效应。

二是扬优成势，拓宽发展领域。除了充分利用独特的绿色生态和区位优势外，该县还跳出了传统的农业生产和制造范围，进一步扩大了非公有制经济和社会发展产业，并引进了新的现代农业项目，例如贵澳大数据农业旅游等现代农业项目，高馨中药材种植加工、绿能生态农业科技、绿巨能蔬菜出口项目和高氏油茶产业等现代农业项目，在现代农业和农业旅游业等新兴产业的发展中产生了良好势头。现阶段，全县中药材种植商业用地已达47600亩，绿能公司耕地流转10000亩，托管12000亩。

三是创优基础，培厚发展土壤。该县大力推广"腾笼换鸟"，以降低企业安置成本，提高企业安置效率。收回土地742亩，厂房近10万平方米，并建

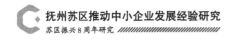
造了13.5万平方米的标准厂房。同时，着力调整生产力布局，从高起点规划好厚发工业园，为非公有制企业搭建良好的安置平台。

四是优化服务，激发发展活力。随着厚发工业园区企业的增加，该镇2020年多次对厚发工业园区进行考察，以帮助企业解决就业困难，并开通了专线公共交通，从县城到厚发工业园区通勤。为推进"放管服"改革，发布了38项"一次性"政府服务项目清单和"二维码"服务指南，全面支持非公有制经济发展。成立了县工业创业投资公司，引进九江银行、江西银行、上饶银行等金融机构，解决了企业融资难的问题。

第九章

抚州苏区未来发展的方向及对策

2018年抚州市新增高新技术企业104家，系首次年度内新增企业数量突破100家，较2017年度增长77%，高出全省增速的10个百分点；2018年，抚州全市高新技术企业总数达239家，实现高新企业数量超过200家的小目标。其中，2018年1~10月，抚州市高新技术产业的增加值增幅为12.6%，比全省平均增速高出0.8个百分点，增幅位居江西省第四位。

第一节　把数字经济产业作为未来首要战略来抓

近些年来，抚州市积极推进数字化建设工程，把数字经济作为抚州的重要产业发展方向来抓，着力推进数字产业化与产业数字化建设，为实现抚州未来高质量跨越式发展贡献力量。抚州先后颁布了《关于加快云计算建设培育信息产业新业态的实施意见》《"智慧抚州"总体规划（2015—2025）》等一揽子政策与措施，对抚州数字经济发展起到了积极的指引作用。因此，鉴于抚州目前数字经济良好的发展基础，建议把抚州打造成为"区域性数字经济第一市"，并作为"区域性数据中心"来建设。

同时，为应对新时代的到来，抚州市委、市政府统筹指挥，突破数字经济发展过程中的相关核心技术，大力推进抚州新一代数字经济化建设，以数字经济驱动企业转型升级和高质量发展，持续优化抚州的营商环境，对打造数字化、便捷、高效的政务服务系统做出了积极的部署并打下了扎实的基础。谁在未来掌握了数据，谁就拥有了未来时代的主动权和话语权。面对新数字经济时代的新要求，抚州市委、市政府又是如何助力数字化抚州建设，有力地推动抚州大数据、数字经济产业的创新发展呢？

早在 2016 年，中科曙光云计算中心就已经落户抚州并投入试运行，实现了抚州市全域政务数据、信息资源的全集中与全共享。此次抚州中科曙光云计算中心的建成运行，不仅实现了抚州政务信息化的基本目标，更实现了抚州市的政务业务协同，大大提升了政府政务服务的效率。中科曙光云计算中心采用的是"企业投资、政府购买服务"的商业运作模式，这种新型的商业运作模式可以发挥企业在相关专业领域的特长，极大地提升云计算中心的运作效率、降低运作成本，这也是目前江西省第一家采用这种模式运作的云技术信息处理大数据中心。2018 年，抚州中科曙光云计算中心设计推出的抚州政务云系统顺利通过了中国信息通信研究院和中国通信标准化协会的综合水平评估，这标志着抚州中科曙光云计算中心的政务云系统已经全国领先，目前中国仅有四家企业的政务云系统通过了此项评估。此外，抚州卓朗云计算大数据中心建设也在按计划顺利进行，抚州卓朗云计算大数据中心计划建设已经达到国际 T3+ 和国标 A 级数据中心建设标准，建成后机柜规模为 4700 个，达到全国领先水平。为了进一步推进数字经济的发展，形成规模聚集效应，抚州市还规划了总投资超 200 亿元的创世纪超算中心，建成后将极大地提升抚州地区利用大数据进行诸如宏观经济分析等高性能超算服务的能力。届时，将提升抚州整体的超算服务能力，在规模和效率上成为全球领先的超算服务中心，相信上述数字化经济基础设施的建设完成，抚州将引领江西率先进入到"大数据"经济发展时代。

不仅如此，抚州市政府为了更进一步地挖掘出数字经济带来的潜在价值，还与中科院共同筹建了中科院抚州大数据研究中心。该中心将深入研究数字技术、大数据、云计算、区块链技术以及人工智能等现代电子信息技术在带动产业发展、推动产业升级方面的作用，促进抚州新型智慧化城市的建设，共同推进数字经济产业链、资金链的联动创新。此外，抚州还引进成立了一批数字化运营、投资公司，诸如抚州数字经济投资发展有限公司、"我的抚州" APP 运营有限公司、抚州市星河大数据产业公司等数字化信息公司，以数字信息化公司的发展促进抚州数字经济的发展，激发发展大数据产业的发展活力，带动抚州数字信息化产业的繁荣及实体经济产业的转型升级，实现高质量融合发展。

随着抚州多个大型云计算大数据中心的相继落地，众多数字化信息互联网应用企业的引入与发展，抚州已经逐步形成一个具有完整数字化发展链条的产业链，包括管理、研发、生产、应用、运营、交易等的数字化信息产业体系的建设初见规模，这充分显示了抚州未来发展数字经济的决心，也奠定了抚州未来发展数字经济强势崛起的基础。同时，围绕建设江西省新兴电子信息产业基地的战略目标，以赣闽开放合作创新区为主要载体，把握全球电子信息产业发展趋势，突出发展光电子、消费电子、汽车电子，加强技术研发，组建一批企业技术中心、工程（技术）研究中心，培育大数据、云计算、数字内容等新一代信息技术产业，引领抚州高新区电子信息产业向高端发展，形成江西省"互联网＋新兴业态发展"示范高地，建设国家新信息技术创新高地。

因此，未来抚州必须始终把数据经济产业作为最具发展潜力的战略新兴产业来抓，它将给抚州未来的发展带来前所未有的战略优势。

一、发展数字经济可让城市更宜居

数字时代的到来可以让未来变成什么样子？进入抚州市的智慧旅游体验博物馆可以让你感受到未来的样子，游客通过 VR 体验设备，可以深度体验互联网与旅游结合下的未来旅游新模式。在未来我们甚至可以不出家门就可以方便地体验旅行带给我们的快乐。例如，一位游客在抚州市的智慧旅游体验博物馆中的 9D-VR 体验馆中模拟资溪大觉山漂流后激动地说："太刺激了！和真的一样，真的太真实了！没想到这种体验和我以前去过的大觉山漂流竟然一模一样，连水雾都模拟得如此真实！真是太令人兴奋了，没想到我们的互联网技术已经发展到如此真实的程度。"

再如，打开手机，登录"我的抚州"智慧城市 APP，点击"查找公厕"服务，那么附近所有的公厕将会按照距离用户位置的远近程度为其排序，方便其以最快的速度前往。随着抚州智慧城市"我的抚州"APP 的开通和抚州政务微信公众号的上线，抚州市的居民甚至可以动动手指足不出户地办理很多以前需要花费很多精力、跑很多地方才能办好的行政审批事项，极大地提升了政府的办事效率，提升了市民的获得感。例如，抚州市的老年市民可以在家"刷脸"申报高龄补贴，打开手机中的摄像头"动动手指刷刷脸"市民就可以领到每月的养老补贴等，极大地方便了老年人群。抚州市随着数字经济发展的逐步深入，未来还将给抚州市的居民生活带来更大的便利性，大大节省了当地市民的交通成本和时间成本，真正实现了低碳环保的生活理念。

抚州市数字信息化建设的出发点是"让数据多跑路、群众少跑腿"。自抚州智慧城市"我的抚州"APP 上线以来，服务内容快速的扩展与打通，内容涉及居民医疗、教育、旅游、办事等 64 项功能。不仅如此，"我的抚州"APP 还可以方便地为居民提供包括天气查询、自行车查找、医药在线预约、实时交通路况信息、公交车到站查询、旅游景点及路线推荐，甚至是听歌剧等便民服务。"我的抚州"APP集便捷服务与多样化功能于一体，受到了广泛好评与一致的青睐，成为抚州市市民居家办事不可或缺的好帮手，也成为展示抚州智慧城市形象的窗口平台。未来，"我的抚州"APP还将依托抚州云计算中心和超算服务平台进行功能上升级，届时将可提供更加丰富、更加便捷的云端服务。在2018年中国政府信息发布会上，"我的抚州"APP荣获案例创新奖。随着大数据平台的力量逐渐显现，"我的抚州"APP未来也将朝着更加智能化的方向发展。

二、数字经济可大幅提升政府的治理水平

随着未来数字信息经济时代的到来，打破各部门间信息壁垒，促进信息互通与共享，通过大数据超算平台提升政府治理能力是大势所趋，也是未来的发展方向。目前，抚州已经把大数据云计算服务平台作为全市数据互联互通的核心环节和基础工程来抓，在该平台上已经整合了全市60多家单位、实现了4亿多的数据量互联互通。政府数据的共享带来的是政府数据治理能力和治理效率的提升，有力地促进了抚州地区的城市数字化水平的提高。也正是得益于抚州大数据云计算平台的建设，抚州市目前已经实现了以"数据跑"替代"群众跑""营业执照审批不见面""高龄补贴刷脸领"等多项"互联网＋政务"服务，政府的政务服务能力得到显著的提升，抚州市的老百姓对政府满意度水平也达到了前所未有的新高度。

数字信息时代不仅考验着政府的治理能力，也影响着每一个抚州市民的生活。举个最简单的例子，过去城市中的垃圾桶满了，不得不等到环卫工人按时来清理垃圾。如今，在抚州市已经上线了几十个具有自动感应功能的智能垃圾桶。当手拿着垃圾靠近垃圾桶时，智能环卫垃圾桶会对垃圾进行扫盲拍照识别，按照垃圾分类的原则打开指定分类垃圾桶盖，帮助市民进行垃圾分类并方便把垃圾丢进垃圾桶。当垃圾桶装满时，内部感应装置会自动对垃圾进行压缩打包，并自动将信息发送到城市数字管理中心平台，及时通知环卫车辆清理。这些都是数字经济推动下智慧城市管理的缩影。

2018年1月，抚州市公共信用信息平台建成并投入使用，该平台在抚州全市企业信用信息互通、企业信用体系构建方面扮演了重要的角色。抚州市公共信用信息平台已经可以与国家和省级信用信息共享平台对接实现数据的及时共

享，实现了企业信用信息的实时采集查询、企业信用动态管理、企业信用积分的统计分析、企业联合信用惩戒等多项功能，极大地促进了抚州地区企业信用环境建设，为企业营造了更加公平、安全的企业营商环境。此外，抚州市还大力推行信用抚州、生态抚州、幸福抚州的建设工作，引领企业和市民树立信用环境和信用城市的发展理念，开展个人信用积分活动。自此活动开展以来，抚州市的生态环境建设、城市信用建设的监测排名已由 2017 年底全国排名的 234 位上升至如今的 89 位，信用建设成效进步显著。这些都足以说明数字经济发展对未来城市治理的重要影响，这将给抚州未来的城市治理贴上智能化的标签。

三、数字经济将引领产业升级新浪潮

数字经济的高速发展也带动了传统产业的转型升级。例如，抚州市投资最大的汽车产业项目——大乘汽车科技产业园，正紧抓数字经济产业发展契机，结合工业 4.0 发展理念，提升数字信息在汽车生产与汽车工艺设计方面的应用水平，极大地提升了汽车关键零部件的生产效率，提升了抚州市汽车整体制造水平，对实现抚州制造业的数字化转型升级都具有重要的关键性作用。目前，抚州正在以数字经济为指导，实施智能制造"千百十个"计划、重大技术改造"三百计划"等一批制造业转型升级改造计划，加快抚州制造业向智能化时代的迈进步伐。例如，明恒纺织集团有限公司通过智能化技术改造，提升生产线的数字化生产水平，用工人数减少到以前的 1/10，极大地提高了企业的生产效率，降低了企业的人工和生产成本，使企业的利率快速提高，提升了企业竞争力。

同时，数字化时代的到来也使不少传统产业感受到了新时代带来的巨大优势，积极加入到数字化转型升级的队伍中来。例如，江西聚龙湾现代渔业发展有限公司位于抚州市的黎川县境内，养殖水域总面积 2000 多亩，拥有 24 个水产精养塘。该公司积极引进最新的数字化养殖管理设备和技术，在鱼塘里通过放置的智能水环境探测探头，实时监测鱼塘水体环境适宜度，包括酸碱度、温度等指标，在现代物联网技术的支持下，通过大数据云智能监控平台与公司电脑甚至相关技术人员手机实现实时互联，从而实现实时精准管理。还有崇仁的变电设备生产企业也正在利用数字化技术实现对产品的智能化升级，提升企业及产品的综合竞争力。崇仁的变电设备产业被誉为抚州市崇仁县的传统优势产业，设备企业通过把北斗 /GPS 双模定位、RFID 电子标签等技术应用到传统变压器设备中，但借助大数据平台，传统产业也显现出智能化的耀眼光芒，使得遍布城乡的所有配电设备实现了全程在线的动态智能监控管理，大大降低了电力企业的巡检压力、维修成本，大大提升了电力企业的服务效率，提高了居民用电的满意率。目前，已经有越来越多的传统企业通过数字化的升级改造，引入云计算和大数据管理平台，实现了传统企业的智能化升级转型。未来，数字经济还将继续渗透直到改变抚州的各个产业的所有方面。

四、相关发展建议及对策

（1）构建数字经济产业生态体系，创造优质的发展环境。5G时代的到来，标志着以人工智能、云计算、物联网、大数据等为主导的第四次工业革命的来临。人工智能、物联网是被国家纳入"战略新兴产业技术"的产业范畴之一，其显著特征是基于自我感知学习的泛互联，但其核心和基础仍然是互联网。在互联网基础上的人工智能和网络延伸，扩展到了物与物间的信息智能化交互，这其中包括两个核心链环节：一是以人工智能、大数据、云计算为代表的链首环节，这个是抚州未来重点发展的首位战略新兴产业。二是以射频识别、智能传感、GPS定位等为代表的链尾环节。这个环节是以射频识别、智能传感、GPS定位等为代表的应用层环节，其原理是通过射频识别、智能感应器、全球定位系统、激光扫描器等设备模组，按约定的协议，把任何物与物之间的信息通过高速无线通信网络连接，在以大数据为基础的AI引导下按照约定的原则自发地进行信息的智能化传输，完成包括识别、定位、跟踪、监控、检测、管理、控制、决策等数据采集与管理控制功能，满足解决传统产业的智能化升级需求。所以，抚州苏区应当抓住未来建设"全国区域性数字存储中心"的契机，大量鼓励并推动包括射频识别、智能传感、GPS定位等为代表的链尾产业环节的建设，吸引相关智能化模块企业聚集，形成规模效应，首尾齐抓真正构建以大数据分析与挖掘、人工智能、物联网为基础，以各类智能化传感模块的发展为依托，形成为传统制造产业转型升级提供综合服务的平台，并建立升级示范区，完成革命老区的制造业发展由过去的被动型承接向主动对接的历史性转变。通过前瞻性、战略性的规划，主动布局未来人工智能、物联网发展的各个核心环节，抓住历史性机遇，实现革命老区工业经济的转型升级与弯道超车。

（2）加快推进下一代互联网的规模部署，大力发展服务型数字经济。以国家《推进互联网协议第六版（IPv6）规模部署行动计划》为契机，采用IPv6

平滑演进的"长沙模式",在长沙建设 IPv6 商用城域网络,再逐步加快推进江西省 IPv6 网络的规模部署,同时加快布局发展下一代互联网设备产业和物联网设备产业,抢先占领"万物互联"的物联网高地。在全国范围内统筹企业、高校、研发机构、用户、资本、人才、政府、中介、环境、基础设施等创新支撑要素,构建各方联动的创新生态系统。建设一批具有世界顶级硬件条件,能够吸引全世界科学家来华开展研究工作的大科学装置。构建完善数字经济领域开源平台体系,如人工智能、工业互联网等。加强前沿基础研究和应用基础研究布局,组织共性技术创新。引育数字经济高端人才,突出"高精尖缺"导向,建立立体式人才培育体系,改善人才培养结构。同时,大力发展智慧旅游服务,构建智慧旅游公共服务体系;发展智慧健康服务,建成覆盖城乡居民的智慧医疗健康服务体系;发展电子商务,构建产品质量保障追溯体系;发展数字金融,联通金融、工商、税务等部门数据,形成互联网金融产业优势;促进智慧物流平台与电子商务平台对接,构建智能物流调配配送网络。

(3)完善产业发展保障,打破制约"瓶颈"。抚州市应继续深化"放管服"改革,加快政府数字化转型,提升制度供给竞争力。推动数字经济地方立法,加快清理修订不适应数字经济发展的相关法规政策。建立包容审慎监管机制,着力消除阻碍新业态、新模式发展的各种行业性、地区性、经营性壁垒。强化安全保障,充分考虑国家数据安全与数字主权等问题。构建政府管平台、平台管企业、行业协会及公众共同参与的多方治理机制,建立政府、平台、用户互动的治理模式。同时推动数据资源的整合开发、开放共享,政府与企业合力促进大数据创新发展。数字经济发展所需的土地、金融、能耗、排放、财政等资源要素要优先保障,对比较优势突出的地区要给予适当倾斜。扩大用地占补平衡的跨省统筹力度,探索用能权、排放权等的跨省统筹办法,突破现行管理体制。根据不同地区数字经济发展的迫切需要,加快部署互联网新型交换中心和扩容国际出口通道、骨干直联点等信息基础设施,突破网络"瓶颈"制约。

第二节　持续推动一二三产业的融合发展

经济发展是乡村振兴的前途,是实现产业繁荣的基础。促进一二三产业的融合发展是突破传统"乡村的产业就是农业""农业的功能就是提高农产品产量"思维模式的最重要的举措。2014 年底，我国提出稳定粮食生产，加快调整农业结构的战略性决策。2015 年 4 月，我国构建了现代农业产业体系，延长农业的价值链和产业链。2016 年 1 月，我国提出了一二三产业融合发展的目标。2016 年 9 月，我国提出了培育农村新型产业，促进产业融合的具体实施措施。2017 年 12 月，我国提出创建和培育农村一二三产业融合发展先导区的相关政策。2018 年，全国农村一二三产业融合发展先导区名单公布。抚州南丰县作为江西省六个县市之一成功申报全国农村一二三产业融合发展先导区。

一、目前抚州一二三产业融合发展情况

抚州的一二三产业融合以农业为发展基础，通过对农村农业产业链的延伸及技术渗透，创新资本、技术的投入及资源跨产业链分布整合，构建了抚州特色的现代化农业发展体系，创新了抚州农业发展方式，加快了抚州地区农村农业的现代化发展进程。目前，抚州在传统农业向现代农业转变过程中值得肯定，可圈可点，诸如南丰县的蜜橘、广昌县的白莲、崇仁县的麻鸡等农业产品都已经入选了江西省农产品"十大区域公用品牌"。南城县的中医药特色产业苗壮成长，中药材种植从无到有都说明抚州依托生态优势，以调整产业结构为主线，突出特色，大力发展现代农业促进一二三产业融合的思路是正确的。

同时，抚州市还在加快推进高标准农田建设，现代化农业产业示范园建设、农业产业机械化发展项目上也成效卓著。通过采用一二三产业融合发展模式，使得农业产业链得到拓展和延伸，提升了农产品的附加值，带动农村农业产业发展质效双升级，打造出一批三产融合示范区、产业集聚示范园。以发展农业产业现代化为基础，提高综合产出能力，同时抚州市还加大了对农业产业的招商引资力度，引进一批农业产业龙头企业，通过龙头企业的带动及示范效应，助力农业产业的区域结构调整与优化。2018 年，抚州市新增省级现代农业示范园 7 个，现代农业示范园累计已达 26 个，实现年产值达 37.39 亿元。农作物耕种收机械化程度达 76.67%，推广示范新技术累计达 190 余项，累计培育或引进新品种 1133 个。其中，入园的国家级农业产业龙头企业 3 家、省级龙头企业 32 家、农业产业化龙头企业 140 余家。

不仅如此，抚州市还依托自身自然资源优势，构建"生态＋现代农业＋

旅游业"综合协同发展新模式,积极推进农业产业、文化产业和旅游产业的一体化发展。为此,抚州市重点打造建设了如资溪大觉山旅游、广昌县莲花游、金溪古村民俗风情游等一系列农业产业、当地特色文化产业和乡村旅游结合的重大旅游项目。还打造了包括乐安流坑村、金溪竹桥村、南丰古街、黎川古城、宜黄曹山农禅小镇等一批特色小镇、特色街区及特色田园村落景区,把"生态+现代农业+旅游"的融合创新模式运用得风生水起。目前,抚州在一二三产业融合发展的农业农村发展模式的基础上,已经建成省级 AAAAA 级乡村旅游点 2 个、AAAA 级乡村旅游点 20 个、AAA 级乡村旅游点 129 个、省级乡村旅游示范点 170 个,实现旅游收入达到 50 多亿元,年接待游客超过 460 万人次。

产业兴,人才旺!只有这样,乡村才能聚集人气,促进就业,激活市场。例如,南丰县积极创建全国农村一二三产业融合发展先导区,加快南丰蜜橘协会、龟鳖产业联合体等产业化联合体发展,促进南丰蜜橘、龟鳖产业提质增效、转型升级。一是清晰农旅联合发展思路。利用全县近 30 万亩橘园进行重新规划,融入"橘园变公园、橘园变游园"的理念,促进县域经济的发展。同时启动了聚福堂、小隐山庄、橘缘山庄、前湖庄园、南湾农庄、仙乐谷庄园、梦缘山庄等 30 余个各具特色的休闲农业旅游点和乡村旅游休闲旅游点建设,其中观必上、国礼园等 12 个休闲旅游点线路还获得全省十大精品路线之首称号。二是产业发展规划完善到位,已经全面完成《养殖水域滩涂规划(2018—2030)》及《南丰县甲鱼产业发展规划(2018—2025)》,该县通过引导江西添鹏农业有限公司牵头成立南丰龟鳖产业化联合体规范化运营,目前新增龟鳖养殖基地 1000 亩达 2.4 万元,围绕健康养殖示范,继续做大做强南丰龟鳖特色产业。南丰县通过招商引资,正积极引进南丰蜜橘及龟鳖产业初加工、深加工企业落户南丰,进一步加快农村一二三产业融合发展。

经过多年努力,抚州市的农业产业体系建设取得了长足进步。农业发展正从增产向提质转变。目前,抚州市大宗农作物的种植、特色种养、水产畜禽等现代种养业发展已经呈现出标准化、品牌化、规模化、绿色化的新特点。抚州现代农业和特色产业的融合发展规模已远远超过传统农业和手工业的发展规模。随着抚州市乡村价值的提升、乡村功能的拓展、一二三产业的深度交叉融合,也促进和带动了抚州市其他诸如电子商务等新业态的蓬勃发展。

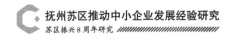
二、抚州未来一二三产业融合发展的建议

2018 年，中央一号文件提出了产业兴村强县的重要战略举措，开创"一村一品、一县一业"新格局，而推进农村一二三产业融合发展对培育壮大地方经济和加快农业和农村现代化进程，实现乡村振兴都具有重要的战略意义。因此，根据抚州市未来的发展规划要求，抚州市的农村农业融合发展将形成产业链完整、业态丰富、功能多样、产城融合、利益联系紧密的协调发展新格局，总体农村农业融合发展水平将获得明显提高，农业产品竞争力显著提高。未来抚州市将在农村发展活力显著增强、农民持续增收的基础上，提升农村农业的功能性外延。在实现生态化、特色化、绿色化的基础上将打通农产品加工、农产品生产、农产品销售的各个环节，构建完整的农业产业发展平台。发展特色旅游村镇，开展现代化产购销活动，形成丰富的产业业态。

未来抚州农村一二三产业融合必须关注以下几个方面的重点：一是特色农产品。依托农产品的多种原料生产方式及特色，包括原产地、品种、生态环境和特种品种等，是产业融合的重要基础。二是精深加工。以现代化的加工技艺为核心，形成有文化内涵及工艺在内的加工产品。三是技术能力。导入新的科学技术，提升农产品的加工水平，提高农产品加工的附加价值。四是创意文化。结合创意文化，提高农产品的地域、文化属性，从农产品的包装效果、体验感受、艺术价值等方面塑造农产品的地域品牌文化。五是关注体验式消费模式。通过旅游产业的带动作用，使游客实现对产品的全方位体验，从生产到加工的全过程实现体验式营销。具体建议包括：

首先，抚州各县市区应该根据自身发展的特点选择或探索符合自身发展需求的农村产业融合类型。目前农村产业融合主要分为三方向六类型，具体包括：一是以一产业为主导二、三产业融合发展模式。这种模式主要是以"原产地特色＋原材料加工"为主消费驱动模式，实现特色农产品到农产品加工再到体验式服务的全产业链发展模式。二是以二产业加工为主导的一、三产业融合发展模式。以加工产业"加工产品＋文化服务"为主导，由二产业带动一产业和三产业融合发展，实现农产品加工到特色手工艺品再到文化传承的发展模式，促进加工产业在农产品转型升级中的积极推动作用。三是以三产业为主导的融合发展模式。这种模式是利用旅游聚集人气，打造景观吸引核心，促进人流带来的消费，形成购买力和服务支撑。实现由三产业（旅游业）带动一产业和二产业联合发展的带动模式。四是以科技手段带动的新产品开发模式。依托科技先进生产力，开发相关科技产品的应用和服务功能，实现农产品附加值的提升，构建三产业（科技业）带动一产业和二产业融合发展模式。五是以文化创意为核心的消费、人才聚集模式。通过文创农产品的生产，以文化创意为核心，构建三产业（文化产业）带动一产业和二产业融合发展模式。六是以电商物流为引领的服务带动型模式。主要形成规模化生产、销售、服务网络体系，以物流配送为核心，构建三产业（服务业）带动一产业和二产业融合发展模式。

其次，抚州可以在选择上述六种一二三产业融合模式的基础上，再详细规划选择一二三产业融合的具体路径。具体路径建议包括：一是农村产业发展与新型城镇化建设相结合的发展路径。发挥县城人口集聚和城乡建设的带动作用，引导农村二、三产业向县、重点镇和工业园区集聚，推进农村产业融合和新型城镇化共同发展，打造基于新型农产品加工、商业贸易、物流等基于农产品方向的专业性特色小镇。二是加快农业产业的结构调整。调整优化农业种植养殖结构，以农牧结合、农林结合、循环发展为指导，以高效益、新品种、新技术、新模式为主要内容发展高效、绿色农业，激发农村农业发展潜力。三是延伸农业产业链路径。促进"农业＋加工业""农业＋服务业"的融合，通过冷链物流体系建设、农产品精深加工、农产品批发市场的建设实现农产业与仓储环节、加工环节、物流环节的有机衔接，完善一二产业与三产业间的联系纽带的建设，实现一二三产业融合的目标。四是农业多功能拓展的发展途径。把农业从生产领域功能扩展到生态领域和生活领域，推进农村农业与旅游、教育、文化等产业的深度融合，大力发展休闲农业、乡村旅游、创意农业、使之成为中国特色农业发展的新支柱产业。五是新型农业产业发展路径。新型农村产业发展路径既包括体验式农业、养生养老田园康养式、休闲旅游、文化创意农业等农旅结合型新业态，也包括现代化蔬菜种植、现代化绿色畜牧养殖、优质林园果园、中药材种植等特色农业新业态，还包括提供农产品定制服务的"互联网＋定制农业"的新业态，通过新型农业产业新业态的发展，达到一二三产业融合发展的目的。六是产业集聚引导式发展路径。利用农产品主产地优势发展农产品加工、农产品流通，再配套农产品的科研、农产品种植培训、农产品交易信息平台，形成集农产品开发、生产、加工、流通于一体的一体化发展模式，从而达到实现一二三产业融合发展的目标。

最后，重视农村一二三产业融合下的农产品体系建设。一是注重产业融合九大工程建设。为促进农业提质增效、农民就业增收，引导农村产业深度融合发展，产业融合需重视九大建设工程，为农业现代化发展提供有力支撑。二是重视农旅融合的 12 类产品。包括田园综合体、休闲农业、农业主题公园、田园小镇、文化创意农园、现代农业产业园、农业研学基地、农业康养基地、休闲乡村旅游、主题牧场、乡村民宿和高科技农业示范园等 12 类产品的规划建设。三是注重多种农业经营主体的培育。重视包括行业协会、专业合作社、龙头企业、家庭农场、工商企业和农村社会化服务组织等多种主体，引导社会各类资本向农村投资，实现企业化、规模化发展的现代农业新格局。四是重视利益联结机制的构建。强化工商企业社会责任，鼓励股份合作，强化风险防范机制的建设，创新发展订单型新型农业。

第三节　推动工业互联网建设，让制造业拥抱"智能＋"

高质量制造业的发展将成为未来推动抚州高质量跨越式发展的有力支撑。抚州市把抚州高新区打造成现代工业发展的龙头，成为带动全市工业经济发展的引擎。推动崇仁、东乡、临川、金溪、南城等重点开发区承担全市工业发展的重任，同时推动广昌、南丰、宜黄、黎川、乐安、资溪六个生态功能区发展生态适宜型工业，为抚州市工业经济的发展提供支撑。

一、推动工业互联网建设，让制造业拥抱"智能＋"

互联网进入中国 20 多年来，以消费为特征的互联网电子商务为亿万中国消费者打开了一扇新的大门，带来了便捷和高效的购物体验。"互联网＋""＋互联网"在第一产业、第二产业、第三产业被广泛应用，随着经济社会转型升级的深入，越来越多的传统产业开始被新的"互联网"引擎所取代，互联网正在为越来越多的传统产业增添源源不断的动力。当然，互联网巨头们也在应势而动，纷纷尝试用互联网新技术向传统工业产业赋能，酝酿着新的网络工业革命。

2018 年被称为工业互联网元年。目前的中国互联网，已经从消费互联网时代悄悄转向工业互联网时代，国内许多工业互联网平台应运而生，许多传统企业积极拥抱工业互联网，工业互联网时代已然开始。但是工业互联网却不同于消费互联网，消费互联网只是工业互联网发展的基础，是支撑工业智能化发展的关键设施。2019 年，国务院政府工作报告提出要"打造工业互联网平台，拓展'智能＋'，为制造业转型升级赋能"，这让工业互联网的发展再次被放到了十分关键又十分重要的位置。

工业互联网是链接工业全系统、全产业链、全价值链，支撑工业智能化发展的关键基础设施，是新一代信息技术与制造业深度融合所形成的新兴业态和应用模式，是互联网从消费领域向生产领域、从虚拟经济向实体经济拓展的核心载体。工业互联网带来的是产品质量和生产效率的提升、成本的降低，通过将大量工业技术原理、行业知识、基础工艺、模型工具规则化、软件化、模块化，并封装为可重复使用的微服务组件，第三方应用开发者可以面向特定工业场景开发不同的工业 APP，进而构建成基于工业互联网平台的产业生态。例如，一家车企计划进行刹车片召回。传统的做法是，通过各种软件追溯问题源头，通过生产管理、库存管理系统查看存货情况，通过销售和售后系统查看在销和已销售车型情况，进而汇总分析召回的总量、替换刹车片的排产以及发货所需时间、整体召回成本等。如果这家企业已经接入了工业互联网，这个过程将变得非常简单。只需构建一个召回场景的工业 APP，按照逻辑关系调用研发、生产、物流、库存管理、销售、售后等工业微服务组件，有关召回的一切都一目了然。就像我们使用智能手机里的 APP，就可以享受各种专业服务。

制造业事关国家产业安全，目前，全球工业互联网发展处于起步阶段，统一的工业云互联网平台尚未形成。我国是世界第一制造大国，拥有最全的制造业门类，抓住数字化、网络化、智能化的机遇，发展自主可控的工业云操作系统，推动工业互联网技术、产品、平台和服务"引进来"和"走出去"，加速工业互联网全球协同发展，我们就有可能掌握新一轮工业革命主导权，推动我国工业转型升级，实现从制造大国向制造强国的飞跃。

二、抚州市未来工业互联网建设的建议与对策

首先，补"短"板，大力建设"一硬一软一网一安"的四大基础。工业互联网平台是一套综合的技术体系，它不是孤立的技术，而是现代信息技术的集成。因此，当前抚州苏区可以紧抓关键工业互联网技术研发和产业化，重点围

绕"一硬一软一网一安"四个工业互联网基础的建设，加大支持与推进力度。具体来说："一硬"是指要提高工业互联网中自动控制与感知产业的整体支撑能力，加快智能传感器、可编程逻辑控制器、数据自动化采集、分布式控制系统与工业监控系统的研发和产业化进程，形成规模效应。"一软"是指要大力发展工业互联网技术软件工程，推动新型工业软件、工业云操作系统、工业大数据建模与分析等核心工业互联网软件的研发和产业化。"一网"是指要巩固工业互联网平台的网络基础，加快 NB-IoT 等新型网络技术的发展与部署，加快传统制造型企业的内网的 IP 化、柔性化、扁平化的技术改造，在有条件的制造型企业加快软件网络、网络功能虚拟化等一系列新一代网络技术的试点。"一安"是指加快工业互联网安全体系的构建，实现工业互联网制造系统的安全防护，增强工业互联网中的系统、设备、网络、控制、应用和数据等抵御安全风险的能力。

其次，建生态，大力培育工业互联网平台的软件开发者和软件开源社区的孵化。在未来控制开源生态将成为全球工业互联网平台发展的焦点与核心，硬件开放和软件开源已成未来工业互联网发展的趋势。一是重视工业互联网开源软件社区的培育，引导相关工业互联网技术支持企业开放标准和相关协议技术，实现异构系统和多源设备之间的数据在工业互联网中的有序流动，最大限度地保证多工业设备实现"互联互通"。鼓励工业自动化企业在工业互联网平台开放基于自身特点的工业互联网技术的相关开发工具、知识组件、算法组件，构建开放共享、资源富集、创新活跃的工业互联网生态体系。二是要着力重点抓好工业互联网人才队伍的构建，吸引工业互联网类的人才来抚州发展。打造基于工业互联网平台的"双创"新生态，举办工业互联网人才的创新创业大赛，加快工业互联网人才队伍建设的速度，促进工业开发型人才在短时间内"上数量"。

最后，重测试，坚持协同开发、平台测试的工业互联网平台发展原则。坚持工业互联网"搭建平台""使用平台"和"测试平台"协同推进策略，坚持以测带建、以测促用，坚持建设、测试、推广并举的发展模式，打造功能丰富的工业互联网平台，促进其良性循环发展。一是培育跨行业、跨领域的工业互联网平台。引入工业互联网平台的选择标准，按照国家制造业创新中心的培育模式，争取三年内培育 10 个跨行业、跨领域的工业互联网平台。二是重视工业互联网平台的应用和推广。建议挑选一批积极性高、企业上云基础好的企业作为工业互联网平台应用示范企业，推动本地企业在工业互联网发展方面形成

"块状经济"产业集聚区，有效推动本地企业整体上云的积极性。三是注重工业互联网平台网络的测试。工业互联网平台网络的测试要重点围绕平台功能完整性、平台内设备间协议兼容性、工业数据的安全性等方面进行测试，为工业互联网平台在更大范围内的应用奠定坚实的基础。

第四节　关注区块链技术在政府数据治理中的作用

党的十九大报告提出，"善于运用互联网技术和信息化手段开展工作"。近年来，随着新一轮科技革命和产业转型的出现，以数据作为重要生产要素资源的数字化经济正在蓬勃的发展，全要素数字化改造将成为未来经济增长的重要引擎。当前，我国已经进入数字化时代，伴随着大数据的发展，未来政府数据治理将成为政府治理的重点领域。随着物联网、云计算、云存储、5G 等技术的普及和快速发展，随之而来的便是每天海量数据的产生。因此，对海量数据的治理也将成为未来政府治理手段与治理能力的重要体系。

在我们迎接大数据时代到来的同时，大数据也如同一把双刃剑，在我们享受大数据带给我们精准信息的同时，数据安全问题也逐步地引起我们对于数据安全的忧虑。虚假信息、信息篡改、信息泄露等问题时刻威胁着互联网中信息的安全。现阶段网络安全的重要性和意义不断得到重视。2016 年颁布的《国家网络空间安全战略》就提出了"没有网络安全就没有国家安全"的重要表述。2017 年，随着《中华人民共和国网络安全法》的正式实施，国家对互联网时代网络安全的重视程度又达到了一个新的高度，做到了有法可依。至此，网络安全便被作为了国家治理现代化的重要组成部分，为此政府的数据治理体系也因此面临着巨大的机遇与挑战。2019 年，习近平总书记在主持中共中央政治局第十八次集体学习时强调："我们要加快推动区块链技术和产业创新发展。"

关于区块链与电子政务的结合，目前国内许多学者已从不同角度进行了分析：张毅等（2016）从区块链的兴起和在政府部门的应用引入，详细分析了区块链技术给政府部门带来的机遇和挑战；戚学祥（2018）阐述了政府数据治理面临着质量管理差、安全管控弱、开放共享难三大主要问题，通过分析区块链技术的基本特征对应可解决的问题，认为区块链在解决问题的同时也会给政府数据带来挑战，最后提出明确应用共识、创新监管机制、健全制度体系三点克服挑战的对策；杨东等（2019）结合党的十九届四中全会对于"国家治理体系和治理能力现代化"的专题研究和中共中央政治局对于区块链技术发展现状和趋势进行集体学习两次国家重要会议，分析了区块链技术可以提高政务服务水平和解决政府工作难题及其在社会治理中的应用，提出将区块链作为推进国家治理体系和治理能力现代化的核心技术自主创新的重要突破口。如何在确保数据安全的基础上运用大数据、人工智能等技术提升数据传输与共享效率，克服数据治理安全与效率难以统一的痛点，成为未来我国在数据治理上应该解决的首要问题。

因此，接下来本书将以区块链的概念和特点作为切入点，探索构建基于区块链技术背景下的抚州苏区政府数据治理体系的一些新思路。

一、区块链赋能政府数据治理能力的基本逻辑

自2019年区块链站上风口后，区块链技术的应用和发展尤其得到重视，越来越多的地方政府已将区块链技术作为未来发展的方向，出台了一系列扶持区块链技术应用的政策。2020年，国务院办公厅就印发《关于支持国家级新区深化改革创新加快推动高质量发展的指导意见》，意见中就提出要探索"区块链+"模式，促进区块链和实体经济深度融合。区块链技术从诞生之初一直被认为是金融科技众多技术之中最闪亮的新星，被誉为是未来金融领域的新一代基础架构。区块链技术以其分布式记账、去中心化、共识机制、数据防篡改、公开透明和隐私保护等特性，能够实现高效的安全与效率的统一，而这正是未来政府数据治理能力提升的核心方向（见图9-1）。

（1）区块链技术有利于提升数据安全。仅仅是区块链的基本结构，不加上基于此的任何应用和平台，区块链就可以增加数据安全性，这是由区块链技术的底层架构所决定的。区块链技术在数据安全方面主要体现在以下三个方面：一是分布式数据存储。分布式存储是区块链技术的先天优势，在目前大多数数据都集中存放于大数据中心的时候，区块链分布式特性就代表着其更加难以通过技术的方式攻破，这就比传统数据存储形式有着更加安全的保障。区块链不是将数据上传到云服务器或将其存储在单个位置，而是将所有内容分成小块，

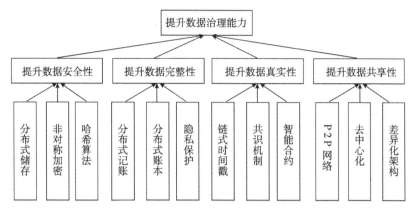

图 9-1　区块链赋能政府数据治理能力的基本逻辑

资料来源：作者根据文献整理绘制。

并将它们分布在整个网络节点中。每台计算机或节点都有一个完整的账本副本，因此一个或两个节点关闭不会导致任何数据丢失。二是非对称加密技术。加密一条信息实际上不是用单个密钥，而是用公钥和私钥两个密钥，它们可以保证在分布式网络中点对点信息传递的安全。这里的公钥在网络中是全网公开所有人可见的，网络中的所有人都可以利用公钥加密一段信息，生成一个哈希值，来保障信息的完整性、真实性，并保证信息传递双方在不用信任的网络上安全地传输密钥。私钥是不公开的，只有拥有对应私钥的人才能解开被公钥加密过的信息，而其他没有对应私钥的人则无法解密信息。公钥和私钥的成对出现保障了网络中信息的完整性、一致性、安全性及不可篡改性。三是哈希算法的运用。它可以保证任何数据都不能被篡改，因为链上每个节点的数据都要通过对应的每个数据发起节点的私钥来签名完成数据的确权，因此数据是不可能被伪造的。当数据确权上链之后，除非所有节点公允，或同时控制网络中超过 51% 的节点对数据进行修改，否则单个节点对数据的修改是无法被公允的，也是几乎不可能实现的。所以，区块链架构下的数据安全保护优势将为政府数据治理提供重要的安全保障。

（2）区块链技术有利于保证数据完整。区块链是一种分布式记账技术，或者可以理解为一种全民记账的技术，可以最大限度地保证数据完整，这主要体现在以下三个方面：一是分布式记账。分布式记账与传统记账最大的区别就在于记账的人数，分布式记账人数可高达数倍的增长，且系统中所有用户都参与记账并能看到所有用户记账过程，完全公开透明化，没有一丝可篡改的机会。因此，分布式记账可以保证数据记录的完整性，最大限度地杜绝数据失真与盲人摸象现象的存在，解决数据碎片化的问题。二是分布式账本。分布式账本中记录了所有曾经发生并经过系统一致认可的数据，可以通过编程来把所有有价值的数据进行串联，如出生和死亡证明、结婚证、所有权契据、学位证、财务账户、就医历史、保险理赔单等任何其他可以用代码表示的一切数据。通过统一的分布式数字账本，再通过密码学技术进行加密授权使用，这样就可以最大限度地解决政府各部门间数据孤岛问题。三是隐私保护。区块链利用密码学的隐私保护机制，在链上的智能合约中可以根据不同的应用场景来完成数据开放与共享的过程，而在整个过程中保证数据原主人的身份信息不被透露，数据共享与使用过程不被第三方或者无授权方查看。例如，A 部门授权对 B 部门或 C 个人的相关数据进行业务协作或认证；但整个过程是基于密码学算法，采用既定分布式执行逻辑运算在"密室"中进行的，也就是说，A 部门只能验证"这个是否符合协作原则或认证标准"，而不能验证"具体内容"。因此，通过智能合约与密码学的隐私保护机制，区块链技术解决了信任问题，保护了用户数据上链的热情，促进了数据完整性的进一步提升。

（3）区块链技术有利于保障数据真实。目前政府部门数据信息系统普遍采用的是数据信息管理模式，即由下级政府分管部门采集数据信息统一汇报至上级政府主管部门的数据采集过程，数据在逐级上报的过程中极易被篡改产生失真。但区块链技术却可以最大限度地降低由数据失真带来的决策风险。一是链式时间戳。链是由区块按照发生的时间顺序，通过区块的哈希值串联而成，是区块数据状态变化的日志记录。时间戳技术为区块链中的数据增加了时间纬度，使所有数据的确权和使用过程都可以被追溯，大大增强了数据被篡改的可能性，保障数据从始至终的真实性。二是共识机制。过去人们在信任方面付出了极为昂贵的代价，而区块链将完全颠覆这种情况，其共识机制极具变革意义。共识机制实现了数据的高效确权，使数据的使用过程达到了安全与效率的统一。共识机制能够保证区块链中的数据不可篡改和不可伪造，能够很好地防止传统溯源过程中的推卸责任、篡改数据、责任不清等情况的发生，增强了数据采集确权过程中的真实性。三是智能合约。智能合约这一术语是由法律学者尼克·萨博（Nick Szabo）于 1995 年首次提出，被定义为一套以数字形式的承诺。它是以计算机语言而非法律语言记录的智能合同，合同的任何相关方无法控制合同执行，它允许在没有第三方监督的情况下进行数据的处理，并且过程不可逆转且可追溯，这杜绝了数据在使用过程中被造假的可能，有效增强了数据在应用过程中的真实性。

（4）区块链技术有利于推动数据共享。一是P2P网络。P2P网络是整个区块链的基础计算架构。在区块链分布式网络中，中央服务器的概念被弱化，即不再需要任何中心枢纽。网络中的每个节点都可以作为一个独立的个体存在。这些节点既能作为提供服务的服务器，也能作为发送请求的客户端。它们不再需要服务器的桥接就可以直接交换数据资源，最终扩散到区块链网络中所有的节点上，从而实现节点与节点之间数据资源的高效共享，提高了数据共享的效率。二是去中心化。区块链的去中心化特性，是个争议性很大的、敏感的问题。在传统的交易管理中，可信赖的第三方机构持有并保管着交易账本，但建立在区块链技术基础上的交易系统，在分布式网络中用全网记账的机制替代了传统交易中第三方中介机构的职能。因此，区块链去中心化的实质是去中介、去掉人为因素的干预和一些不必要的环节，去掉中介来为信息确权做信任背书。这种去中心化的信任机制可以让人们在没有中介的情况下达成信任的共识。所以，由于没有了中介，区块链构架下的数据共享效率获得了极大的提升，是政府数据治理效率提升的重要基础保障。三是差异化架构。相对于公有链的完全开放、所有人都可以参与其中不同。联盟链或私有链在开放程度和去中心化程度方面与公有链会有很大不同，在联盟链或私有链网络中的参与者会被提前筛选，数据库的读取及写入权限可以被提前设定，只向特定要对其开放的用户开放。私有链的中心化程度更高，只是使用区块链技术作为底层记账技术，数据并不对外开放。侧链则可用于打通来自于其他区块链的数据区块，实现双向的数据互通的专有链。因此，联盟链、私有链与侧链的架构有助于满足政府数据在跨层级、跨场景、跨区域、跨平台间的互通需求，实现数据的高效共享。

二、抚州市政府数据治理能力提升的路径

区块链是以互联网为基础建立的可信任网络，因此在大数据爆炸时代政府能够通过区块链网络技术打破传统数据治理过程中的种种弊端，突破"信息孤岛"等关键性问题。通过区块链的分布式结构降低运营成本，避免数据在交互过程中的泄露，实现数据使用过程的可追溯，最大限度地保障数据的安全性、真实性、完整性，发挥共享数据的溢出价值，实现政府数据治理能力的提升。但由于数据本身的复杂性、共享权限的差异性导致并不能通过单一的数据治理路径实现政府在不同应用场景下的数据共享需求，因此，本章提出基于区块链架构的四种政府数据治理路径（见图9-2）。

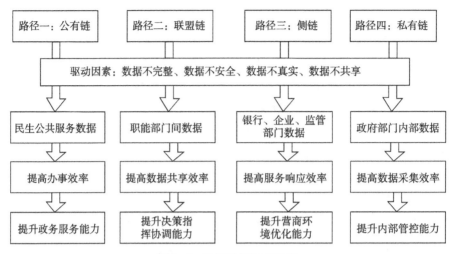

图 9-2　政府数据治理路径

（1）利用公有链技术提升政府政务服务能力。建议构建统一公有链架构的区块链网络体系，提升政府政务服务水平。因此，未来政府数据治理体系应在高度融合的信息化系统上，构建统一的区块链（公有链）数据治理网络体系，统一的身份认证系统，建立链上智能合约与共识机制，确保民生公共服务数据采录、加工、使用都在"一张网"上进行，保障数据治理全过程的权责分明，发挥数据的协同溢出效应，实现涉及民生、公共服务等的数据高效共享。例如，居民身份证、房产证、学历证、结婚证、出生证、知识产权保护等相关的认定、认证等工作，都可以借助公有区块链的方式打通壁垒实现数据的共享互通，并确保对数据使用记录的全追踪，缩短政务处理周期，降低政务运行成本，保障政府公共数据安全，提升政府政务治理与服务能力。

（2）利用联盟链技术提升政府决策指挥与协调能力。建议政府或各职能机构之间根据共享权限的要求构建联盟区架构的区块链网络系统，提升政府决策指挥与协调能力。区块链的本质，是不可篡改的可信数据的分布式链接，除公有链外，还可通过联盟链的方式为跨部门和跨层级的数据互通提供效率与安全保障，联盟链技术有利于政府跨部门、跨层级、跨区域间的数据流动。联盟链更像一个局域开放的共享数据库，数据只允许系统内的机构根据权限特征进行读写、发送和共享，授权节点或用户共同来维护数据安全的网络形式。因此，联盟链具有运行成本低、维护与共享速度快、良好的扩展性等优点，是半公开化、半去中心化的链式网络架构，尤其适用于各数据节点之间数据的安全高效共享。

（3）用侧链技术提升政府对营商环境的优化能力。建议政府与企业、银行、保险等机构通过区块链侧链技术打通数据壁垒，提升政府营商环境优化能力。侧链作为一种不同链上数据的互通协议，可以让数据安全地从主链转移到其他区块链，也可以使得数据从其他区块链安全地转移到主链，解决两个或多个链上数据可以相互传递、转移、交换的难题。也就是说，侧链的存在，不仅是增加了政府区块链主链架构的可拓展性，还可以解决政府、企业、银行、保险等不同架构下数据的交互共享问题，避免"数据孤岛"的产生。其中，侧链所应用的双向瞄定技术，更可以很轻松地实现数据或资产在不同架构链上的双向冻结与激活。侧链网络架构有利于政府打通与企业、银行、保险等单位或机构的数据鸿沟，实现数据实时高效共享，提升企业信用的实际价值，增强政府、银行等相关机构的服务保障效率，提升政府对营商环境的优化能力。

（4）私有链提升部门内部数据管控能力。建议政府部门内部构建私有链架构的区块链网络系统，提升机构内数据管控治理能力。私有链是指这个区块链的权限仅在一个组织中，其读写权、记账权由组织决定，参与节点的资格都会被严格限制，所以私有链是半公开化的、半去中心化的，所以它的场景一般是在个体型组织或企业，适合小范围内的应用，如组织或企业内部的数据库管理、财务管理、审计等。由于私有链特有的准入门槛优势，可以保障私有链中的数据传递具有速度快、隐私保护强、成本更低、不容易被恶意攻击等优势，尤其适合在政府公有区块链网络架构下各部门节点内部的数据治理，如各政府部门节点内的预算和执行，部门数据的采集与统计等，实现节点内部数据的高效治理，提升政府部门节点内的数据管控能力。

当然，不得不说在利用区块链技术提升政府数据治理能力的过程中可能也会存在某些意想不到的风险与挑战，保持摸着石头过河小心的态度还是非常有必要的，所以，在区块链架构设计上不能一蹴而就，要反复论证，尤其是初期的安全设计规范，代码开发的质量、应用平台等都要进行反复测试与完善，在实际应用中，还必须建立长期有效的安全架构校正机制，保障使用过程的安全。但不可否认，区块链这项新兴技术确实契合了政府数据治理与应用过程中的诸多场景，在切实认清与规避风险的前提下合理加以运用，有助于政府在数据治理能力上的革新，有助于提升国家治理能力的现代化水平。

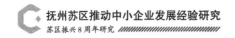
三、抚州市构建数据治理体系的建议

抚州未来在以数字经济发展为核心的战略基础上，在区块链技术的融合发展方面有极大的先天基础优势。区块链技术是以互联网技术为基础建立的可信任网络，因此，在大数据爆炸时代政府能够通过区块链网络打破传统数据治理过程中的种种弊端，突破"信息孤岛""数据确权"等关键性难题。通过分布式结构降低运营成本，在区块链信息交互过程中避免数据信息的窃取和复制，实现信息传输过程的可追溯，保障数据最大限度的安全性。实现政府各部门之间的协同工作、实现政务流程的优化，极大地降低了政务沟通成本和信息确权成本，提升了政府政务管理与服务效率。综上所述，区块链技术在政府数据治理的应用中应重点体现在优化现有数据传输流程、优化现有数据安全保障流程和优化现有公证和认证的数据确权流程。

（1）建立统一数据治理与管理平台。正如前文所述，区块链"去中心化"的真实含义是"去中介化"，通过链上共识机制与智能化合约达到高效的数据确权，从而省略了传统通过中介数据确权的过程。因此，未来政府数据治理体系需建立在高度融合的信息化系统上，统一的身份认证系统把每一个部门作为一个网络节点联入网络，建立链上共识机制，确保数据采录、加工都在"一张网"上进行，保障数据的治理与使用过程权责分明。例如，身份证、房产证、学历证、结婚证、出生证、知识产权保护等相关的认定、认证等工作，都可以借助区块链技术高效完成，通过区块链技术，各政府部门将数据、信息上链，实现对数据的记录和追踪，缩短政务周期，降低政务成本，对于提升政府政务服务水平和效率具有重要的意义。

（2）建立数据治理平台的数据共享机制。政府数据需要在跨部门、跨层级间流动。当前数据孤岛形成的主要原因是谁都不愿意首先把数据拿出来共享，而区块链恰恰可以解决这方面的痛点，做到数据的可用不可见。区块链的本质，是不可篡改的可信数据的分布式链接，除国家层面控制的公链、各部门节点层面的私链外，还可通过联盟链实现数据跨部门、跨层级共享。联盟链权限的不同就在于，联盟链权限一经设定，不能由单方更改，如果要更改，只能由联盟链的全体成员共同更改。联盟链不需要一个超级管理员，谁也不能决定整个系统的走向，这样所有成员才会有意愿进行数据共享。例如，A部门可以调取B部门的相关数据，进行相关业务的协作；但是这一切都是通过密码学算法在"密室"中进行的。也就是说，A部门只能验证"这个数据符不符合我的认证标准"，而不能验证"这个数据的具体内容"。正是因为联盟链能够解决上述问题，才能真正做到打破数据孤岛，实现数据共享，并在此基础上，构建新的分布式创新协作方式。

（3）建立链上数据提交的激励机制。未来是大数据时代，需要激励各部门链上提交数据，构建全部门完整关联的生态机制。在这样的机制下，各部门增量数据上传的质量与时效将基于自身的激励需求，设计良好的数据提交激励机制为存量数据的上传、未来数据采集质量、上传时效都提供了驱动力。例如，荷兰的司法部已经利用区块链技术构建起了数字化法律体系，通过类似智能合约的形式实现去中心化操作，自动根据实际情况执行相关法律。荷兰司法部计划用活跃合约方案实现《刑法》中部分法律的数字化，主要目标就是"低等级案例"，也就是情节相对较轻的罪行，比如小偷小摸等，类似案件通常需要花费大量的时间，造成法律系统阻塞。荷兰此举不仅大大降低了司法系统工作人员的工作强度，提高了整体办案效率，而且使其有充足时间从事"大案特案"的侦办，极大地提升了民众对司法系统的满意度。

当然，也不得不说政府在利用区块链技术提升自身数据治理能力的同时，也会存在意想不到的风险跟安全性等问题挑战，但是区块链这项新兴技术确实解决了政府数据治理过程中的诸多痛点问题，在规避风险的前提下加以运用，有助于政府在整体数据治理能力上的革新。

参考文献

［1］Kshetri N. Blockchain's Roles in Strengthening Cybersecurity and Protecting Privacy［J］. Telecommunications Policy，2017，41（10）：1027-1038.

［2］陈岱. 基于区块链的云计算关键技术及应用方案研究［D］. 西安电子科技大学硕士学位论文，2018.

［3］陈万久. 落实减轻企业负担政策 创造良好经济发展环境［N］. 阜新日报，2016-10-31.

［4］池仁勇. 2017 中国中小企业景气指数研究报告［M］. 北京：中国社会科学出版社，2017.

［5］杜鹰. 2013 中国区域经济发展年鉴［M］. 北京：中国财政经济出版社，2013.

［6］范灵俊，洪学海. 政府大数据治理与区块链技术应用探析［J］. 中国信息安全，2017，96（12）：89-91.

［7］冯绍样，刘国兰. 抚州苏区儿女革命功勋彪炳史册［N］. 抚州日报，2012-07-25.

［8］抚州高新区：主攻"1+3" 加快迈向中高端［N］. 经济晚报，2019-03-01.

［9］《国务院关于支持赣南等原中央苏区振兴发展的若干意见》编写组.《国务院关于支持赣南等原中央苏区振兴发展的若干意见》简明读本［M］. 北京：社会科学文献出版社，2013.

［10］国务院办公厅政府信息与政务公开办公室. 国务院大众创业万众创新政策选编［M］. 北京：人民出版社，2015.

［11］国务院法制办公室. 中华人民共和国法规汇编（2016 年 1 月—12 月）［M］. 北京：中国法制出版社，2017.

［12］国务院法制办公室. 中华人民共和国法规汇编 2012（第 27 卷第 2 版）［M］. 北京：中国法制出版社，2014.

［13］国务院法制办公室.中华人民共和国新法规汇编2016（第9辑）［M］.北京：中国法制出版社，2016.

［14］李莉，周斯琴，刘芹，何德彪.基于区块链的数字版权交易系统［J］.网络与信息安全学报，2018，4（7）：22-29.

［15］李晓园.原中央苏区振兴政策研究［M］.北京：中国社会科学出版社，2014.

［16］李子彬.中国中小企业2017蓝皮书——供给侧结构性改革与中小企业转型发展［M］.北京：中国发展出版社，2017.

［17］林峰.乡村振兴战略规划与实施［M］.北京：中国农业出版社，2018.

［18］刘奇.2016江西年鉴［M］.北京：中国时代经济出版社，2016.

［19］吕廷君.数据权体系及其法治意义［J］.中共中央党校学报，2017（22）：35-36.

［20］吕小刚，王彩云，程立丽.区块链技术视角下政府数据治理创新路径［J］.辽宁行政学院学报，2019（5）：12-16.

［21］麻智辉.迈向全面小康［M］.南昌：江西高校出版社，2014.

［22］彭子非.区块链技术在政务及公共服务领域的应用研究［J］.自动化应用，2018（7）：80-81.

［23］戚学祥.区块链技术在政府数据治理中的应用：优势、挑战与对策［J］.北京理工大学学报（社会科学版），2018，108（5）：111-117.

［24］苏海南，胡宗万.我国小企业劳动关系问题研究［M］.北京：中国言实出版社，2016.

［25］王化群，张帆，李甜，高梦婕，杜心雨.智能合约中的安全与隐私保护技术［J］.南京邮电大学学报（自然科学版），2019，39（4）：63-71.

［26］王悦，张丽瑛.知识产权运营融资与评估［M］.北京：知识产权出版社，2017.

［27］温凡，黄小刚，吴细兰.黎川特色产业齐头并进［N］.江西日报，2019-07-29.

［28］吴晓华.降低实体经济企业成本研究［M］.北京：中国社会科学出版社，2018.

［29］熊光清.多中心协同治理何以重要——回归治理的本义［J］.党政研究，2018（5）：11-18.

［30］熊绍员.强企支撑强省 知识产权入园强企的理论架构与江西实践［M］.北京：知识产权出版社，2017.

［31］徐晓林，李海波，马敏.区块链＋旅游服务：创新前景与潜在挑战［J］.中国行政管理，2019（4）：53-57，78.

［32］翟社平，李兆兆，段宏宇，高山.区块链关键技术中的数据一致性研究［J］.计算机技术与发展，2018，28（9）：94-100.

［33］张怀印.区块链技术与数字环境下的商业秘密保护［J］.电子知识产权，2019，328（3）：71-78.

［34］张明林.民生发展与改革实践——赣南苏区研究［M］.北京：经济管理出版社，2017.

［35］张毅，肖聪利，宁晓静.区块链技术对政府治理创新的影响［J］.电子政务，2016（12）：11-17.

［36］赵呈领，疏凤芳，万力勇.基于社会性软件的混合学习在免费师范生教育技术能力培养中的应用研究［J］.现代远距离教育，2012（1）：62-68.

［37］《中国财经审计法规选编》编辑部.2016 年中国财经审计法规选编（第 22 册）［M］.北京：中国时代经济出版社，2016.

［38］《中国政策汇编 2016》编写组.中国政策汇编 2016（第 3 卷）［M］.北京：中国言实出版社，2017.

［39］中共连江县委党史研究室.关于国家、省市支持革命老区、原中央苏区发展相关政策资料汇编［Z］.中共连江县委党史研究室，2013.

［40］忠宝，王小燕，阮坚.区块链技术的发展趋势和战略应用——基于文献视角与实践层面的研究［J］.管理世界，2018，34（12）：177-178.

［41］周瑞珏.区块链技术的法律监管探究［J］.北京邮电大学学报（社会科学版），2017（3）：39-45.

［42］邹红霞，齐斌，王宇，李冀兴.基于联盟链和 DNA 编码的局域网加密技术［J］.信息网络安全，2018（12）：36-42.

［43］邹文开，赵红岗，杨根来.全国健康养老保障政策法规和标准大全［M］.北京：化学工业出版社，2017.